少年经典励志丛书·
红色英雄谱

白山黑水铸英魂

杨靖宇

周莲珊/主编

肖显志/著

天津出版传媒集团

天津教育出版社
TIANJIN EDUCATION PRESS

图书在版编目(C I P)数据

白山黑水铸英魂:杨靖宇 / 肖显志著. -- 天津:
天津教育出版社, 2016.10(2019.11 重印)
(少年经典励志丛书 / 周莲珊主编.红色英雄谱)
ISBN 978-7-5309-7951-8

Ⅰ.①白… Ⅱ.①肖… Ⅲ.①儿童故事—革命故事—
中国—当代 Ⅳ.①I267.5

中国版本图书馆 CIP 数据核字(2016)第 259729 号

少年经典励志丛书·红色英雄谱

白山黑水铸英魂——杨靖宇

出 版 人	黄 沛	
作 者	肖显志	
选题策划	张 洁	
责任编辑	王剑文	
装帧设计	郭亚非	
出版发行	天津出版传媒集团	
	天津教育出版社	
	天津市和平区西康路 35 号 邮政编码 300051	
	http://www.tjeph.com.cn	
经 销	新华书店	
印 刷	嘉业印刷(天津)有限公司	
版 次	2017 年 1 月第 1 版	
印 次	2019 年 11 月第 3 次印刷	
规 格	32 开(890 毫米×1240 毫米)	
字 数	100 千字	
印 张	5	
定 价	12.80 元	

杨靖宇

（1905-1940）

荣　　　誉：抗日民族英雄

出　生　地：河南省确山县

　　　　　　（今驻马店市驿城区）

民　　　族：汉族

诞　　　辰：1905 年 2 月 26 日

逝世纪念日：1940 年 2 月 23 日

牺 牲 年 龄：35 岁

总序

少年红色经典图书是我们这个民族的脊梁

中华民族是一个伟大的民族，这个民族在每一个历史时期都涌现出众多的英雄豪杰！

我们今天所经历的时代是一个伟大的时代。一个时代有一个时代的特征，一代人有一代人的精神追求和价值取向。同时，一代人有一代人所崇拜的偶像，都有与时代同步的誓言和梦想。无论我们处于哪一个时代，我们的少年有一点是共通的，那就是追求卓越，追慕崇高，崇尚真、善、美，都愿意通过阅读优秀的图书达到与美德为邻、与高尚为伍，都富有朝气和向上的进取心。

在这样的背景下，天津教育出版社策划出版了这套适合中小学生阅读的《少年经典励志丛书·红色英雄谱》。

《少年经典励志丛书·红色英雄谱》主要选取国内革命战争时期最具影响的英雄人物的故事和相关题材中最具代表性的文学作品。在这些作品中，革命者的大智大勇得到了充分展示，弘扬了爱国主义、革命英雄主义精神。

传承历史的最好形式就是写出历史人物和故事。本套丛书中选取的红色历史人物,在中国可谓家喻户晓、妇孺皆知。阅读这套优秀图书的时候,我们的眼前一定会栩栩如生地显现出那段难忘岁月中的英雄和他们的事迹。重温历史,就是为了不忘记过去。我们相信,这套书中的故事会成为许多人心中最美好的记忆!

这是一套爱国主义题材少年励志类红色经典系列图书,它弘扬爱国主义精神,激励少年读者热爱家乡,是践行"五个一"工程的最佳范本。

书中的英雄人物、革命先烈,为了中华民族的解放,抛头颅,洒热血,前仆后继,不怕牺牲,谱写了可歌可泣的英雄赞歌!他们惊天地泣鬼神的英雄事迹,给我们的少年读者传播正能量,播撒真善美。

我们赞美英雄,歌颂英雄;我们讲述英雄故事,我们传播红色种子。

本套图书精选中国一流儿童文学作家撰写,有的作者历经多年采访、调查、积累、辛勤创作,才形成这样一部非常优秀的爱国主义教材。

一本好书可以改变一个孩子的一生。阅读改变人生,书香成就未来!

尽管大家齐心协力,但是,因为时间和资料的局限,书中难免会有不尽完美的地方,请读者和专家多提宝贵意见和建议。

常言说:"榜样的力量是无穷的。"一个没有英雄的民族,将永远无法实现自己的强国梦！

　　我们这个时代，我们这个民族、每一个中国人都在憧憬着中国梦！

周莲珊

2016 年 7 月 26 日改定于辽宁

◎　白山黑水铸英魂——杨靖宇

目录
Contents

◎ 白山黑水铸英魂——杨靖宇

第一章
婴儿也能哭个惊天动地

从河南郑州向南二百多公里，有一座千年古城，名叫确山县。距县城 12 公里，有一个小村，叫李湾。

1905 年 2 月 26 日，一声清脆的婴儿啼哭声响彻黎明前的夜空。哭声在寒冬的黑暗中冲撞着，像是一把剪刀要将夜幕剪碎。哭声是从一个农民的茅草房里传出来的。这个婴儿就是后来的抗日英雄杨靖宇。

"小子！是个小子！"接生婆剪断婴儿的脐带，兴奋地嚷着。

等在外屋的马锡龄奔到里屋，问："真的是小子？"他激动地伸手就要抱刚刚出生的儿子，却被接生婆用身子挡住了，说："带小鸡鸡的，不是儿子还是闺女？"

马锡龄嘴里念叨着:"儿子,快让爹爹抱抱。"

接生婆还是不依,说:"离远点儿,别把冷风带给孩子。"

马锡龄央求着:"让我看看还不行吗?"

接生婆这才闪开身子,说:"看吧! 别靠太近。"

马锡龄按捺着心中的激动凝视着儿子,浑身赤红的儿子抓挠着小手,哭声是那么有力,那么响亮。虽然家境困苦,耕地辛劳,日子过得艰难,可他还是因听到儿子的哭声而激动了。

马锡龄看着儿子的小手,琢磨着……儿子是要抓什么呢?他再看看自己一双生满老茧的手,在心里头默默地叹口气:还是抓锄把的手啊……

接生婆把婴儿放到马锡龄的妻子张君的枕边,说:"听这孩子的哭声,长大肯定有出息,有大出息。"

张君亲着儿子的小手、小脸蛋儿,喜欢得不得了。"他爹,给儿子起个名字吧!"张君说。

"起个什么名字好呢……"父亲马锡龄搓着大手在琢磨着,"马……马……马……"

张君说:"爹姓马,还姓别人家的姓啊! 是叫什么名字。"

马锡龄又搓了两下手,说:"马任劳任怨,肯干活,德性好。"

张君说:"那就在马德当间加个尚字,叫马尚德。"

父亲问："是什么意思？"

张君说："是我们希望儿子将来成为一个为人正直、德行善良、有知识、有作为的人。"

"好！那就叫马尚德。"父亲拍了下大手。

于是，杨靖宇刚刚出生时就有了他第一个名字——马尚德。

两人正商量儿子的名字，"哐哐哐！"房门忽然被重重地敲响。

房檐下的麻雀被惊得扑棱棱飞出窝巢，扎进漆黑的夜色里。

"来啦！来啦！"马锡龄边应着，边赶忙去开门。

门开了。

呼啦涌进来一帮确山县的差役。

"你，马锡龄？"一个"独眼龙"像是小头目，指着马锡龄，瞪着"盲目"问。

马锡龄赶忙回答："哦！是啊！龙爷屋里请，屋里请。"

由于衙门三天两头就来收税，马锡龄对这个独眼龙再熟悉不过了，扒了他的皮也认识他的瓢，每根肠子刮了老百姓几两油，都一清二楚。

杨靖宇一出生正赶上了清政府统治最腐败的时候。

1900 年爆发了轰轰烈烈的反帝爱国的义和团运动。

义和团一阵风、一团火似的在山东点燃，迅速烧到直隶、天津以至北京。帝国主义列强可吓坏了。他们仗着有洋枪洋炮，说欺负谁就欺负谁，于是就以"帮助清朝政府平息义和团"为借口，出兵镇压义和团。

不让"帮"不行么？狼要吃小羊，什么借口找不到啊！

于是，不管你清廷答应不答应，英国、美国、日本、俄国、法国、德国、意大利和奥地利八国，组织起联军，于8月攻进了北京城。

别看慈禧太后对老百姓凶着呢，可面对侵略者就别提有多熊了，骨头都吓酥了，胆都吓破了……于是，惶惶恐恐地带着光绪皇帝、亲信以及大臣们从北京仓皇出逃，丢盔弃甲地逃到了西安。

北京让八国联军给占了，再一次遭到火烧圆明园那样的劫难。

哎！怎么说"再一次"呢？

其实呀，你不知道的多着呢！

火烧圆明园，这是人们说惯了的一个提法。其实，火烧圆明园的真正含义，不仅是火烧圆明园，而是火烧京西皇家三山五园，焚毁的范围远远比圆明园大得多。这三山五园是万寿山、玉泉山和香山三山，清漪园、圆明园、畅春园、静明园和静宜园五园。

历史上侵略军火烧圆明园曾经有过两次——

第一次侵略者火烧圆明园是在清咸丰十年（1860 年）。英法联军入侵北京，到处烧杀抢掠、野蛮洗劫，焚毁了举世闻名的圆明园，园内寺庙建筑差不多都毁于大火。英法联军火烧圆明园时，原来是想把这里夷为平地，但是由于圆明园园子的面积太大了，景点分散，而且水域辽阔，一些偏僻地方和水中的景点才幸免于难。为此，园内还尚存圆明园的蓬岛瑶台、藏舟坞以及绮春园的大宫门、正觉寺等建筑 13 处。

第二次火烧圆明园是在清光绪二十六年（1900 年）。八国联军入侵北京后，10 月 11 日英军派出一千两百余名骑兵和一个步兵团，再次洗劫圆明园。英国全权代表詹姆士·布鲁斯以清政府曾将巴夏礼等囚于圆明园为借口，将焚毁圆明园列入议和先决条件。10 月 18 日，三千五百名英军冲入圆明园，纵火焚烧圆明园，大火三日不灭，使这里残存的 13 处皇家宫殿建筑又遭掠夺焚劫。

在西安，慈禧太后听说八国联军占了北京，又烧了圆明园，更吃不下、睡不着、整日闹心。

为了保住统治地位，慈禧太后只好向八国联军低头，和帝国主义列强签订了丧权辱国的《辛丑条约》（因这一年是农历辛丑

白山黑水铸英魂——杨靖宇

年而得名)中国向侵略者赔款白银四亿五千万两。为什么是四亿五千万两这个数目呢?当时中国人口四亿五千万,侵略者的用意是要每个中国人都向他们交一两白银的"罚金",借此惩罚、侮辱所有的中国人。看,八国联军侵略者有多么坏。这个条约规定的巨额战争赔款,直接转嫁到了中国劳动人民身上,使本来就深陷苦难的中国人民又陷入了新的灾难。

这不,确山县衙门为了筹集赔款,不分白天黑夜地向老百姓搜刮银两,现在来到了马家。

"白银三两。"独眼龙瞪着独眼冲马锡龄说。

马锡龄问:"不是说一人一两么,怎么三两了?"

独眼龙冷冷地说:"是一人一两,可我们这些弟兄们不吃不喝呀?我们为了朝廷起早贪黑的,辛苦费你不出谁出?"

"朝廷……"马锡龄想说什么,但被独眼龙给打断了:"朝廷正在为难时期,也就是说正在缺钱的当口,我的弟兄们能向朝廷伸手么?再说,伸手也没有哇!"

"啊!啊——"

独眼龙正说着,婴儿的哭声从里屋传出来。这家伙的独眼立时像狼似的放着绿光,往屋子里瞄。

"啊!啊——啊——"

婴儿哭得更响亮了。

"嘿嘿！"独眼龙冷笑着说："不是三两了，是四两。"

马锡龄见税银又涨了一两，赶忙央求说："龙爷，三两我拿，我拿。孩子刚刚生下来就别收了。"

独眼龙的独眼瞪得跟山药蛋似的，说："刚生下来就不是人了？有一口算一口。四两！"他见马锡龄没动地方，"还得我进屋亲手翻翻？"这家伙说着就要往里屋走。

马锡龄赶忙挡住独眼龙。他是怕吓着妻子，然后说："别，别……我去给龙爷拿。"说着，进了屋子。他从柜子里找出原来给儿子出去准备的银子，双手颤抖着揣进怀里。

"谁呀？"妻子问。

"官府的人……"马锡龄支吾地答着往外走。

"来干什么？"妻子追着丈夫的背影问。

马锡龄没再回答，出了里屋，把门关得紧紧的。

"啊！啊——啊——"

婴儿的啼哭声又从茅草屋子里传出来。

打发走了独眼龙一伙人，马锡龄长长地叹了口气，喃喃地说："这日子可怎么过呀！"

"啊！啊——啊——"

儿子的哭声越发响亮,越发强劲了,惊天动地。

这让马锡龄沉重的心轻了许多。"儿子,爹的希望就落在你身上了……"说着,转身回到屋里。

李湾村西面是峰峦起伏的罗山和秀山,东面是辽阔的豫东大平原。小尚德的哭声在大山里冲撞,在大平原上飘荡……

有谁记得自己刚出生时的第一声啼哭么?呵呵!当然没人能记得了。可那声啼哭是生命的宣言,也是和新的世界打招呼。

第二章
红头巾

四两银子被官府拿走了，不——是抢走了。那可是马锡龄几年的积蓄啊，没了银子，一家人的日子过得更艰难了。

常言道，农民是脸朝黄土背朝天，汗珠子掉地上摔八瓣儿，土里刨食。如果是风调雨顺的好年景，日子还算过得去，可是一旦遇到大旱或大涝，那可就"叫天天不应，叫地地不灵"了。

为了家人不饿肚子，为了儿子，马锡龄把他的汗水都洒在了那四亩薄地上。虽然他整天累得躺在炕上不想起来，可还是硬挺着干活。

"咳！咳咳！"

马锡龄开始猛烈地咳嗽。

"啊！"

妻子张君惊叫。

"你叫什么？"马锡龄制止着妻子，指了下熟睡的儿子，说："别把儿子吵醒。"

张君指着地上丈夫吐的痰，小声地说："带血丝……"

"咳！咳！咳……"

马锡龄还是不停地咳嗽。

张君一边给丈夫抚着前胸，一边劝着："别再没命地干了，把你累倒了，咱们家可就倒了……"

"不干就更没活路了。"马锡龄捂着胸口说："只要我有一口气，就要把日子撑下去。"他摸摸儿子已经长出的头发，"尚德呀！快快长大吧！"

张君推开丈夫的手说："你手挺硬的，别碰着孩子头芯儿。"

马锡龄缩回大手，嘿嘿地憨笑着说："儿子像我，多像我……"

张君嗔怪地瞥了丈夫一眼，说："像你那可就没出息了。"

马锡龄问："怎么没出息？"

张君说："你那是握锄把的手。"她一边说一边抚摸着儿子的小手，"我儿子的手可是要抓印把子的手。省的挨官府欺负。"

"念书，当官，发财……"马锡龄一边说一边托起儿子的小手,"那可不是咱们穷人想的事儿啊！"

"儿子啊！"张君一边说一边悠着怀里的儿子,"不管家里有多穷,妈一定让你上学堂,念书,成人。"

小尚德像是听懂了似地冲着妈妈的脸"啊！啊"叫着。

"好儿子……咳！咳咳！"马锡龄还想说什么,但立马被猛烈的咳嗽打断了。

张君看着因咳嗽而身子猛烈抖动的丈夫,心疼地说:"他爹,就歇几天,养养病吧！"

"我没病。"马锡龄不在乎地说,"睡一觉,明天早上一起来就好了。"

"去孙大夫那儿看看吧！抓副药。"张君劝着丈夫,"别惜银子,不吃不喝不要紧,身子可要紧啊！"

马锡龄还是不在乎地说:"庄稼人,没那么娇气。看什么看。没大病。咳！咳咳！"说着又大声咳嗽起来。

从此,一到晚上,马锡龄的咳嗽声就灌满了屋子,把窗户纸都震得直哆嗦。

在爹爹的咳嗽声里,小尚德一天天长大了。在他四岁那年,妈妈又给他生了个妹妹。家里添了一张嘴,马锡龄不但没高兴,反而皱起了眉——以后的日子怕是更不好过了。

张君悠着怀里的女儿说："儿女双全,也是尽了大孝了。"

马锡龄苦笑着说："是啊！我就是拼命也要把这一双儿女拉扯大。"

张君亲了女儿的脸蛋儿一下，说："儿子女儿就是我们活着的指望啊！"

马锡龄没再说什么，又猛烈地咳嗽起来："咳！咳咳！"

"快看看大夫吧！"张君替丈夫捶着背劝着。

"没大病……看什么看。"虽然马锡龄自己说没大病，可终于有一天还是倒下了。

张君赶紧把孙大夫请到家，央求着："大夫,不管花多少钱也要把孩子他爹治好啊！"

孙大夫给马锡龄号过脉，沉吟了好半天没说话。

"孩子他爹怎么样？"张君催促着孙大夫。

孙大夫摇摇头。

"到底孩子他爹能不能治好啊？"张君见孙大夫的脸色不对劲儿,慌了。

孙大夫把张君拉到外屋,低声说："实话跟你说,准备后事吧！"

"啊！"张君差点儿晕倒,待她把身子站稳了,掏出碎银子递过去,轻轻地说："谢了,孙大夫。"

孙大夫推开张君的手,说:"留着抓副药挺几天,留出工夫准备后事吧!"说罢,转身就走。

小尚德好像看明白了眼前发生的一切,一动不动地望着妈妈的脸。可炕上不到一岁的小妹妹哭个没完。小尚德走过去,轻轻晃着枕头哄着妹妹。

小尚德这一年五岁,爹爹马锡龄因积劳成疾,没钱治病,过世了。

爹爹出殡那天,小尚德披麻戴孝,打着灵幡走在棺椁前头。从给爹爹送行,到把爹爹下葬完回来,这一路虽然很短,可小尚德仿佛一下子长大了。

"妈妈别哭,我替爹爹下地干活。"小尚德把头倚在妈妈的肩头说:"尚德什么都干得了。"

"傻儿子……"张君摸着小尚德的头说:"你才五岁呀!干活儿还早呢!"

"不早。"小尚德挺挺胸脯,说,"尚德也是男子汉了。"

"我的好儿子……"张君把儿子紧紧搂在怀里,泪珠又滚下面颊。

爸亲下葬后没几天,妈妈带着小尚德和他不懂事的小妹妹去投靠叔父。

从此,抚养儿子和女儿以及支撑门户的担子都落到母亲张君的肩上。

虽然小尚德还小，但他早就懂事了，整天帮着妈妈干这干那，不是扫地就是拾掇碗筷；不是喂鸡喂鸭，就是下地剜野菜……看着儿子这么勤快，当妈妈的怎能不高兴。

张君不仅要承担起养儿育女和全部家务劳动，还要和男人一样下地耕田，春天播种，夏天锄草，秋天收割，冬天打场。虽然她每天都累得直不起腰，可看着儿子帮着哄妹妹、扫地、洗碗、喂鸡、喂鸭……干这干那的，也就不觉得累了。

一天，妈妈发现儿子倚在大门口看着胳肢窝里夹着书包的放学回家的孩子出神，就上前抚摸着儿子的头问："看什么呢？尚德。"

小尚德歪头瞅着妈妈，说："妈……我也要上学堂。"然后指着放学的孩子们的背影，"和他们一样念书。"

张君搂着儿子说："妈明天就送你去学堂。"

"妈妈真好！"小尚德抱住妈妈，脸贴在她身上，喃喃地说着，"妈妈真好，妈妈真好……"

小尚德在妈妈张君的眼里就是她的最爱，不管怎么节衣缩食，也要挤出钱来送儿子上学堂。

第二天，妈妈就从柜子里找出一块家织布，给儿子缝了一个书包。吃完早饭，她就领着已经会走路的女儿，送小尚德去村里的私塾。

七岁的小尚德给先生行过礼,坐到书桌前,左右看了看同学们——他们个个都是富人家的孩子,个个身穿绸缎,个个小脸儿胖得发光,神气十足……他在心里默默地对自己说:"妈妈送我上学堂太不容易了,我一定要好好念书,给妈妈争气!"

　　小尚德深知自己能上学堂念书的不容易,学习上也就比同学们都努力,学习成绩总是在私塾里占头名。这且不说,他还天天帮着先生扫地、打水、洗毛笔……学习又好又勤快的马尚德深得先生的喜爱。

　　一天放学,小尚德回家路过村头时,见大杨树下围了一圈儿人,就好奇地凑了过去。一看,原来是齐大爷在讲太平军的故事,几个乡亲坐在那儿还不停地议论。

　　"太平军战士头包红布巾、手持长矛,个个都是勇士,杀得清军无处躲藏。"齐大爷捋了下胡子,继续说,"太平军童子军首领陈玉成,原来名叫陈丕成,天王洪秀全嘉其忠勇,才改名陈玉成。陈玉成乃是广西藤县大黎里西岸村人。出身农家,幼时父母双亡,便依靠叔父生活。1851 年,也就是陈玉成 15 岁那年,他随叔父陈承熔参加了太平军的金田起义。因为他在童子军中表现非常出色,还苦练了一身好枪法,不久就当上了童子军的首领。"

　　小尚德一抖拳头,说:"真棒!"

乡亲们闻声回头，见是马尚德，都瞪大了眼珠。

"想听，就坐下来听吧！"齐大爷冲小尚德招招手，说，"听了，可别出去乱讲。别给家大人惹事。"

"嗯！"小尚德答应着坐了下来。

齐大爷接着讲："1853 年定都天京后，天王又把少年首领陈玉成提升为'左四军正典圣粮'官职。这个官职是管什么的呢？主管军粮。大家伙可要知道，'兵马未动，粮草先行'呀！就是说军队还没开始打仗呢，粮草得先预备好，战马吃饱肚子才跑得快，士兵吃饱了才有劲儿打胜仗。你们看陈玉成这个官职重要不重要？"

小尚德忍不住叫道："天王太信任陈玉成了。齐大爷，你就讲一段陈玉成打清兵的故事吧！"

"好，好！"齐大爷说着又讲起来，"话说 1854 年 6 月，太平军的西征军进攻武昌，可清军拼死顽抗，太平军久攻不下。这可怎么办？少年陈玉成没被清军吓倒，亲率五百士兵，冒着枪林弹雨，攀城而上，打得清兵溃散，攻取武昌……"

"太棒了！"小尚德又禁不住叫好。

齐大爷停下来，对小尚德说："时候不早了，快回家吧！省得让你妈妈惦记。"

"哎！"虽然小尚德还没听够，可怕回去晚了妈妈担心，就恋恋不舍地离开了。

"今天怎么才回来？"妈妈问刚刚进屋的儿子。

"今天……"小尚德头一次跟妈妈撒谎，说，"功课多了点儿。"

"可别贪玩啊！"妈妈叮嘱着。

"尚德知道念书不容易，不会贪玩的。"小尚德说着把饭桌放到炕上，开始读书、写字。写着，写着……齐大爷的声音在他耳边响起，陈玉成的影子在他眼前闪现——"十八岁的陈玉成在奇袭武昌的战斗中，表现勇敢，建立首功，被提升为'殿右三十检点'。这个官位就在丞相之下。他统领后十三军及水营前四军。因他的'三十检点回马枪'枪法精湛，便被冠以这个美称，在江南妇孺皆知。在西征战场上，陈玉成所向披靡，所到之处，清军无不溃败。1856年，他又被提升为冬官下丞相。"

"尚德，怎么了？"妈妈见儿子眼睛直勾勾地，便上前问。

"哦！"小尚德赶忙一边写字一边说，"没什么，没什么。"

妈妈看一眼儿子的字，说："做功课可要专心，别走神儿。"

"尚德记住了。"小尚德回答着。

他虽是这么说，可第二天放学，还是跑到大杨树下，听齐大爷讲太平军的故事。

"话说陈玉成随太平军燕王秦日纲去救援镇江，受到清兵的阻击,双方相持不下。为了解救镇江之围,陈玉成冒着敌人的枪林弹雨,驾一小舟,拼死直冲到镇江,和守将吴如孝取得了联系。陈玉成、吴如孝会同秦日纲内外夹击清军,清将吉尔杭阿被杀得大败,太平军终于解了镇江之围。紧接着,太平军云集天京周围,乘胜攻打清军江南大营。在石达开、秦日纲等各路大军配合下,陈玉成率部激战四昼夜,使得清军统帅向荣大败,逃往丹阳,上吊而死。清军江南大营被摧垮,解除了威胁天京长达三年之久的隐患,使太平天国在军事上处于全盛时期。"齐大爷讲得眉飞色舞,激动得银白胡须都抖动起来。

"我也要当太平军,我也要做陈玉成!"小尚德走在回家的路上,在心里默默地发誓。

回到家,他就在柜子里翻找起来。

妈妈问:"尚德,找什么呢?"

小尚德说:"妈妈,你的红头巾呢?"

妈妈打开一个布包,拿出红头巾,说:"这儿呢!找红头巾干什么?"

"我有用。"小尚德说着对着镜子把红头巾扎在头上,问妈妈:"好看吗?"

妈妈笑了,说:"男孩子扎红头巾?这是妈妈留给你妹妹的。"

妹妹过来张着小手说:"我的红头巾,我的红头巾。"

小尚德抱起妹妹，哄着说："好妹妹，是你的红头巾，让哥哥扎一下就还给你。好吗？"

妹妹忽闪着大眼睛问："哥哥要变成姐姐？"

小尚德说："变个姐姐要不要？"

妹妹摇着头说："不要不要，还是哥哥好。"

"妈妈，"小尚德央求地说，"让我带妹妹出去玩儿一会儿好吗？"

"去吧！"妈妈知道儿子不贪玩，"别摔着妹妹。"

"哎！"小尚德答着，牵着妹妹跑出了家门。

村头，小尚德头扎红头巾，指挥着一群手里拿着木棍和庄稼秸秆的小孩儿玩儿"攻打"清军。

孩子们从来没有玩儿过这种游戏，兴趣当然特别足了。他们一个个随着马尚德的指挥，嘴里喊着"冲啊！杀呀"，冲向不远处的小山包。

"啊——"

冲在前头的小尚德虽然听到身后一声惨叫，可一想到冲锋陷阵的陈玉成，就没有停步，一直冲到小山包顶上。

"马尚德，是你妹妹摔了……"

马尚德见妹妹趴在地上哭，脑袋"嗡"地大了……

红头巾，就像火苗燃烧着小尚德的追求和志向。

第三章
刺　字

小尚德的妈妈张君是位豁达开朗、心地善良的农家妇女，不仅与妯娌和邻居和睦相处，还经常把本来家里人都不够吃的饭菜送给南来北往的逃荒者。

"我们少吃点儿，他们就不饿肚子了。"小尚德懂事地对妈妈说。

妈妈拍拍儿子的头顶，说："好孩子，知道帮助别人，长大才有志向。"

"妈妈，我有志向。"小尚德头一扬说，"大志向。"

妈妈问："什么大志向？"

小尚德想了下，说："就是让那些讨饭的和那些穷人都有饭吃,有房子住,有衣服穿,过上好日子。"

"好志向！"张君打量着个头已经长到与她肩头一样高的儿子,从心眼儿里高兴,"好好念书,好好做人,才能实现你的志向。"

"尚德听妈妈的话,好好念书,好好做人。"小尚德点头说,"做一个像陈玉成那样的少年英雄。"

说到陈玉成,妈妈瞥了眼躺在炕上的女儿,脸沉下来,说:"可别再胡闹了,看把妹妹摔的……"

这次玩儿太平军游戏,把妹妹的脚崴伤了,走不了路。这让小尚德感到很内疚,他摸摸妹妹的脸蛋儿,说:"好妹妹,走不了路,哥哥背你。"

"妈妈说,就会好的。"妹妹并不怨哥哥,"都是我不小心……"

张君没有因为女儿的脚伤而责备儿子,反倒给儿子讲:"朱元璋小时候玩儿得最多的游戏就是'扮皇帝'。他找来一块木板顶在头上作平天冠(皇帝戴平冕,也叫'平天冠',垂白玉珠十旒。又叫'通天冠'或'平顶冠'),用碎木片给装成臣子的孩子们作笏(又称手板、玉板或朝板。是古代臣下上殿面君时的工具。古时候文武大臣朝见君王时,双手执笏以记录君命或旨意,亦可以将要对君王上奏的话记在笏板上,以防止遗忘),他自己则威严地坐在土堆上,命令其他小伙伴一个个地跪拜在他的面前,并齐声高呼'万岁'。"

马尚德接过妈妈的话说:"后来朱元璋成了大明王朝的开国君主。"

"妈妈不指望你做国家的君主,可一定要做个报效国家的人。"妈妈引导着儿子。

"嗯!"小尚德答着。

张君虽然和当时的所有农村妇女一样,没上过一天学,不识字,可她会讲许多生动有趣、富有教育意义的历史故事。小尚德最喜欢听母亲讲故事了,做完功课,吃完晚饭,他就央求妈妈给他讲古代舍生取义、杀富济贫的英雄的故事。其中他最爱听的、总也听不够的就是岳飞的故事。

这天,小尚德头枕在妈妈的腿上,聚精会神地听妈妈讲《岳母刺字》……

"那时,宋朝的半壁江山已经被金人占据了,徽钦二帝已经被金兵掳去了。金兵不断地进犯中原,杀人放火,到处掳掠奸淫。宋朝里很多奸臣佞贼,卖国求荣,要去投降敌人。康王在金陵立国,就把南京当作了汴京。他任命宗泽为元帅,并写了一封信给岳飞,要他来从军。一向教子有方的岳飞的母亲听说儿子要去杀敌人,顿时喜上眉梢,说:'儿呀!你要上战场杀敌,母亲给你几个字。'岳飞问：'什么字，娘你说吧！'岳母说：'精忠报国四个字。娘要刺在你背上，你要记在心头。'岳飞说：'娘你就刺吧！儿一定记在心头。'于是，岳飞媳妇去草堂先备了香案，岳飞脱下衣衫，跪在堂前。媳妇在一旁手里捧着墨砚，岳母把毛笔执在手中，在儿子背上写下'精忠报国'四个字，之后取来金针，边刺字，边训教着儿子：'我儿啊，今日你投笔从戎，远离家乡远离母亲妻儿赴战场杀敌，我在你背上刺字留下训教，别辜负娘的一片心啊！你要记住，你是自幼遭灾害，婴儿时就丧父，我是含辛茹苦二十年抚养你长大成人的，不要你膝下锦衣玉食孝待亲娘，只望你恢复河山多杀敌，把国耻彻底洗刷，做一个精忠报国的大忠臣。你是我的好儿子，岳家的好贤孙。自古以来常言说，尽忠难尽孝。可你不要牵挂家中的事，家里自有你妻子帮你来操持，你只要全心全意抗金兵。你不尽忠心不是我儿子，要是半途而废地回家，到那时休怪为娘不讲母子情面，决不容留你这个没有出息的人！'岳母训教完，'精忠报国'四个字也刺成了。"

　　"妈妈，在背上刺字不疼吗？"小尚德问。

　　"怎么不疼。"妈妈说，"越是疼，那四个字在岳飞的心头越刻得深啊！岳飞把母亲刺在背上的'精忠报国'化作自己的志向，给母亲磕过头就启程上战场了。他怀着'还我河山'的雄心壮志，率领岳家军直捣黄龙府,把金兵杀得人仰马翻。"

小尚德突然问:"妈,你会刺字吗?"

"问这个干什么?"张君好奇地看着儿子。

"我也要学岳飞,精忠报国。"小尚德说得很认真。

张君笑了,说:"好儿子,要精忠报国,就记在心里。"

虽然小尚德随口应和着,可脑子里还是萦绕着"岳母刺字"的情景,他甚至做梦都梦到了那四个大字……

这天傍晚,妈妈张君从外面回来,一进屋就一声大叫,她被眼前的情景惊呆了……

怎么?她看到儿子正赤裸着上身,用一根钢针在往后背上刺着,鲜血顺着脊背流了下来……

"尚德,你这是干什么!"妈妈厉声喝道。

小尚德疼得眼角哆嗦着,说:"妈,我也要刺字。"

张君搂过儿子,擦着他背上的血,心疼地说:"儿子,疼吧!"

小尚德咬着牙,摇头说:"不疼。"

"岳母刺字那是传说。妈妈不是跟你说了嘛,你要精忠报国记在心里就行了。快把钢针给妈妈,听妈的话……"妈妈把手伸过去。

小尚德只好把钢针递给妈妈,说:"那……尚德就记在心里了……"

第四章
糕点变驴粪蛋

受艰苦、清贫的家庭生活环境影响，马尚德从小就养成了一种倔强不服输的性格。不管遇到什么难事，他从来没有低头的时候。

这天放学，马尚德在半路上遇到村里的赵大伯。"大伯。"他礼貌地打招呼。

"尚德啊！才放学。"赵大伯说，"别人家的孩子都早放学了。"

"我帮老师扫扫地。"马尚德见赵大伯手里拎着两盒果匣子（装糕点的盒子），就问："大伯这是送给谁呀？"

"唉！"赵大伯叹了口气，嘴巴向一座高宅大院努了努，说："还不是给王玉玺'王瞪眼'送。"

马尚德看赵大伯的神态，听他的语气，显然是不乐意给"王瞪眼"送礼，于是故意问："大伯你乐意给'王瞪眼'送礼？"

"我爹妈也没吃过这么贵的糕点啊！"赵大伯气愤地说，"可谁敢不送啊！"

"不送看他怎么样？"马尚德瞪着高宅大院说。

"不送？"赵大伯又叹了口气，"谁敢得罪他呀！"

"得罪又能怎么样？"

"我们穷人家可惹不起'王瞪眼'啊！要是他真的一瞪眼，我们穷人可就遭殃了。"赵大伯战战兢兢地说。

"怎么遭殃？"马尚德还不知道"王瞪眼"有多坏。

赵大伯说："谁要惹'王瞪眼'生气，他跟你一瞪眼把地收回去，没地可种，这一年就没法儿活了。"

"'王瞪眼'不就是有地吗？"马尚德望着田野说，"总有一天把这些土地从他手里夺回来，让他租我们的地，叫他给我们送果匣子。"

"千万别这么说……"赵大伯马上捂住马尚德的嘴巴，"要是让'王瞪眼'听见了，他非冲你瞪眼不可。"

"我还怕他听不见呢！"马尚德来了犟劲儿，冲着王瞪眼的高宅大院喊："我就不给你送！看你怎么样！"

"快别喊了，别喊了……"赵大伯说着，加快了脚步。

"王瞪眼"是村里最大的地主,仗着有大片的土地,平时经常欺压老百姓。每逢过年过节的时候都要强迫村里的农民给他送礼。农民租人家的地,谁敢不送啊!

今天,是一年一次的中秋节,乡亲们都拎着礼品涌向王家。

马尚德回到家,气劲儿还没消,把书包往炕上一扔,就坐在炕沿上生气。

妈妈过来问:"怎么了尚德?"

"气死我了!"马尚德忿忿地说。

"谁气你了?"妈妈问。

马尚德手往屋外一指,说:"那个'王瞪眼'。"

妈妈问:"'王瞪眼'怎么气你了?"

"他逼迫乡亲们给他送礼。刚才我看到赵大伯就给他送去两盒果匣子。这个恶霸地主!"马尚德一拳砸在炕沿上。

躺在里屋炕上、正在生病的叔父听到侄儿和嫂子的对话,就问:"你们说什么呢?"

张君进到屋里,说:"没说什么。"

"看我病的……"叔父说,"倒让我忘了,今天是中秋,该给王老财送礼了。"

张君说:"他叔,我预备妥当了。"

叔父欠了下身子,说:"那就快让尚德送去吧!"

"哎!"张君应着。

叔父嘱咐着:"跟王老财说,就说我病了,起不了炕,别让他见怪。"

"放心吧!"张君说:"尚德会说的。"

马尚德听到了妈妈跟叔父的对话,撞进里屋,说:"叔父,我不去!就不给那个'王瞪眼'送礼!"

叔父见侄子竟敢跟他顶嘴,火了,骂道:"尚德你个不懂事的东西!你要是不去,我抽你的筋!"

马尚德梗着脖子回答:"叔父,你就是扒我的皮我也不去!"

"哎呀!你小子翅膀硬了不是!"叔父挣扎着要起来。

张君摁住了叔父,说:"孩子不懂事儿,我说说他,他会去的。"

"说什么我也不去!"马尚德说着冲出了房门。

妈妈追了出来,含着泪对儿子说:"傻孩子,人在屋檐下,哪能不低头?别忘了是叔父收留了我们。"

马尚德挥着拳头说:"妈,你别怕!'王瞪眼'要想跟咱们家过不去,我就放一把火烧了他的高宅大院!"

妈妈捂住儿子的嘴,说:"妈好不容易凑来点儿钱,买了四盒月饼。我一个妇道人家不好去王家,你就全当帮妈一回吧!"

听着妈妈在求他,马尚德转了转眼珠,说:"为了妈,我就去送一回。"

妈妈把四盒月饼塞到儿子手里,说:"见了王老财,一定要说软乎话儿,说叔父病在炕上来不了,请老财主原谅。"

"嗯!嗯!"马尚德应着,拿起月饼出了家门。

"尚德真是听话的孩子……"妈妈望着儿子的背影念叨着。

马尚德出了家门就拐进狗蛋儿家院子,喊:"狗蛋儿——狗蛋儿你出来。"

狗蛋儿闻声出来,见是马尚德,问:"玩儿去呀!"

马尚德头一摆,说:"玩儿吃月饼。"他把月饼盒子冲狗蛋儿举了下。

狗蛋儿一见月饼,眼睛放光,吧嗒着嘴说:"太香啦!"

"没等吃呢!就说香?"马尚德说,"跟我来。"

狗蛋儿跟着马尚德又来到拴住家,把拴住喊了出来。再到留根家,把他也喊了出来。这样,喊了七八个小伙伴,一起躲到狗蛋儿家的高粱地里,大家打开月饼盒子,你一块他一块地吃起来。

穷人家的孩子什么时候吃过月饼呀!现在就在吃,而且是大口大口地吃,真是过了吃月饼的瘾啊!

不大一会儿,四盒月饼都吃光了。

"真香！"狗蛋儿抹着嘴巴说。

"真甜！"拴住还吧嗒着嘴说。

"真解馋！"留根嘴里还嚼着说。

高兴完了，大家就谁也不说话了。

怎么？

狗蛋他们看看四个空空的盒子，再看看马尚德，意识到他们闯祸了。

"给'王瞪眼'的礼品让我们吃了，怎么办？"拴住说。

"让你叔父知道了，你非挨打不可。"狗蛋说。

"我有办法了。"马尚德说。

"什么办法？"拴住问。

"看我的……"

他们钻出高粱地，马尚德见路上有一串儿驴粪蛋儿，便把盒子打开，把驴粪蛋儿装了进去。然后，他嘿嘿地笑着说："这回让'王瞪眼'香得干瞪眼！"

"哈哈哈！"

小伙伴儿们尽情地大笑。

马尚德脑子灵，随口编出顺口溜，小伙伴们就跟着唱：

"王瞪眼"，真坏你，

过年过节逼送礼。

"王瞪眼"，大坏蛋，

什么坏事你都干。

"王瞪眼"，你真行，

头顶冒水脚淌脓。

"王瞪眼"，可真馋，

吃人家东西就玩儿完。

"王瞪眼"，可真美，

见了粪蛋儿淌口水；

咬上一口可真香，

气得眼皮上白霜。

"王瞪眼"，"王瞪眼"，

阎王一叫瞪了眼，

瞪眼瞪眼瞪了眼！

"哈哈哈！"

马尚德和小伙伴儿们尽情地唱着，尽情地笑着，全把惹祸的
事忘得一干二净。

第五章
被人骑的滋味咋样

1919 年是中国历史上发生巨大变化的一年。这一年,在俄国十月革命的影响下,中国爆发了"五四"爱国运动。这场运动是无产阶级领导的反帝反封建的革命运动, 也是中国新民主主义革命的开始。就在这一年,14 岁的马尚德以优异的成绩考入了确山县第二高等小学。

"考上啦!妈妈,我考上啦!"马尚德手里挥动着入学通知书,扑到妈妈跟前。他把入学通知书展开,说:"妈妈,你看……"

妈妈张君拿过儿子的入学通知书,看了又看,嘴里喃喃道:"好儿子,我的好儿子,给妈妈争气了,争气了……"

马尚德看着妈妈粗糙的手,喉咙哽咽了,说:"妈妈,为了让我念书,你跟男人一样干田里的活儿,妈妈辛苦了……"

"好儿子,只要为了你,妈妈什么苦都不在乎。"张君抱住儿子,叮嘱着,"好好念书,和同学们相处好,别打架……"

"妈妈,尚德记下了。"马尚德重复着妈妈的话,"好好念书,和同学们相处好,别打架……"

"尚德已经是大人了,不用妈操心了。"虽然儿子往给"王瞪眼"送的月饼盒里装驴粪蛋给她惹了大麻烦,可张君没有打儿子,倒是给尚德的叔父赔了好多对不起的话。她很欣赏儿子爱憎分明的立场、倔犟的性格和聪明的才智。

马尚德也明白妈妈叮嘱他的话的含义——说"不用妈操心了",实际上是说"别让妈妈操心"。

虽然叔父是实实在在的亲戚,可毕竟不是亲爹;待在叔父家里,再好,也是寄人篱下。

妈妈用拼命干活儿来冲淡"寄人篱下"的窘迫感。

妈妈的苦尚德深深地懂得——不光是劳动的苦,更重要的是内心的苦。

为了化解和减轻妈妈心中的苦痛,尚德也用勤快干些家务活儿来证明自己在叔父家不白吃白住。

于是,在这种生活环境下,马尚德养成了自强自立的品格。

入学的头一天，妈妈张君陪着背着行李的儿子来到确山县第二高等小学。

站在校门前，妈妈抚摸着儿子的头，嘴角动了动，可什么也没说，把装着学费的小布包塞进儿子手里。

马尚德给妈妈行了个鞠躬礼，转身朝校园走去。

张君望着儿子的背影，不知怎么鼻子发酸……她没陪儿子进去交学费以及查看宿舍、饭堂和教室，而是让儿子能自己办的事情自己办，以便让儿子早早地立世，早早地适应独立的生活。

给儿子锻炼的机会，这才是最好的母亲。

马尚德一个人办完了入学手续，拎着行李推开宿舍的门。没想到，"哗啦！"一股冷水迎面泼来，他立时成了落汤鸡，行李也被打湿了。

马尚德往地上一看，原来自己踩翻了地上的洗脸盆，是洗脸盆里的水泼了自己一身。"对不起，对不起……"他连连道歉。

让他没想到的是，回应他道歉的是"哈哈哈"的狂笑。

哦！马尚德明白了，这是有人在搞恶作剧。他的目光很快盯住了狂笑的人——一个肥头大耳的同学。这家伙脑袋大，倭瓜似的；在上面安装的鼻子也大，蒜头似的；耳朵大，猪八戒似的；嘴巴大，城门似的（这可是夸张了）；身体更大，坐在那儿就是一堆肉,肥猪似的……他一笑起来,浑身的肉跟着颤动,让人担心会不会颤下来一块。

马尚德把洗脸盆拾起,想要朝"肥头"扔过去,可想到妈妈"别打架"的叮嘱,还是冲那家伙笑了下,说:"没关系。"便把洗脸盆放在了一边。

马尚德的一句"没关系"非但没让肥头感到羞愧,反倒叫肥头恼了。他跳下床,身子上的肥肉抖了两下,站到马尚德跟前,指着洗脸盆说:"你给踩坏了,你赔!"

马尚德看了看洗脸盆,说:"请您用两只眼睛仔细看看,哪儿坏了?"

"不用两只,一只也不用。"肥头闭着眼睛说:"我说坏了就坏了。"

马尚德在心里说:遇到不讲理的了。可他嘴上还是讲理:"还是请您睁开眼睛看看。我想你不会是盲人吧!"

"哎呀!"肥头大叫起来,"你小子竟敢骂人。"

马尚德稳稳地说:"我爹干了一辈子农活儿,使唤了一辈子牲畜,尽骂畜生了,没骂过人。"

肥头对马尚德的话一时没寻思过味儿,等别愣着肥头寻思明白了,"嗷"的一声跳起来,指着马尚德鼻子骂:"你才畜生,你才牲畜呢!"

马尚德还要说什么，站在一旁的另一个同学拉了拉他，低声说："别斗嘴了，以后我们还要在一个宿舍里生活呢！我叫牛慧智。你呢？"

马尚德说："我叫马尚德。"

"大爷我叫孙延良。"肥头介绍着自己。

白眼狼。马尚德在心里嘀咕了一句。

"牛慧智、马尚德……"肥头叫着他们的名字，又笑起来，"一个牛，一个马，都是下田干活儿的畜生。"

马尚德见肥头骂人，压制不住火气了，上前揪住肥头的衣领，牙齿咬得咯咯直响："再敢骂人我咬死你！"

牛慧智是个胆小怕事的人，见马尚德要动武，便上来掰马尚德的手，说："别——别打架。打架要挨学校处罚的。"

"哼！"肥头晃晃肥头说："打架？你打不过我。"

马尚德也在鼻孔里重重地"哼"了一声，说："当心我把你身上的肥肉一块一块割下来喂狗。"

肥头初次与马尚德交锋，让他感到这个穷小子不好对付。

后来马尚德才知道，这个孙延良是确山县城有名的大地主孙百全的儿子。孙百全不但有上千垧田地，还有烧锅（白酒制酒厂）、绸缎庄以及饭馆等好几处买卖。仗着财大气粗，他买下官府衙门做靠山，便独霸一方，欺压百姓。为此，确山县的人一提到孙百全,没有一个不打哆嗦的。

爹霸道,儿子也就跟着霸道。虽然肥头是他爹用给学校的一千块大洋送进来的,可肥头一点儿羞耻感都没有,就连校长他都不放在眼里,同学更不用说了,动不动就欺负小同学。

这天下课,同学们都在操场上玩儿。

肥头见没人跟他玩儿,就拉住一个叫年旺的小同学,说:"你跟我玩儿。"

小同学挣脱着说:"我不跟你玩儿。"

"不跟我玩儿,我揍你!"肥头提起拳头。

年旺看着肥头的大拳头,吓得两腿打战,说:"那——那我跟你玩儿。玩儿什么?"

"玩儿什么呢……"肥头朝操场看了一圈儿,突然对年旺说:"你趴下!"

"趴下干什么?"年旺不知肥头要干什么。

"叫你趴下就趴下。"肥头拽住年旺,狠劲一搡,把年旺搡到地上,就势一跨腿,骑在了年旺的背上。"给我当马骑。驾!驾驾!"他吆喝着,左手揪住年旺的头发、右手在年旺身上乱抽,像赶牲口一样让年旺在地上爬来爬去。

年旺不但忍受了肥头身体的重压,还受着被人骑的耻辱,泪水一滴一滴地落在地上。

"快！快！驾驾！"肥头见同学们的目光集中到他的身上，越发兴奋起来，越加起劲地抽打着年旺。

马尚德闻声跑过来，见肥头在欺负小同学，立时火气冲到脑门子，拳头攥得咯咯响。只要照肥头脸上重重一拳……可他压制住这个想法，在心里告诫着自己：不要打架，不要……他把拳头缓缓松开，到肥头跟前，拍拍他的肩头，说："这种玩法可不好。"

肥头扭头瞥了马尚德一眼，说："我玩儿我的，关你屁事。"

这工夫，年旺实在挺不住了，双腿一屈趴在地上。背上的肥头猝不及防滚了下去，摔了个狗吃屎。

挨了摔的肥头可不干了，爬起来对年旺就是一通拳打脚踢。

马尚德再也压制不住自己心头的怒火了，上前抓住肥头的手腕，轻轻一扭，肥头就"嗷嗷"地惨叫起来。

"年旺，快起来！"马尚德瞪着肥头说，"等放学时，有你好瞧……"

马尚德没怎么样肥头，可肥头竟然一屁股坐到地上，蹬着脚"哇哇"地大哭，嘴巴张得真比城门还大，能跑进一辆马车。

"哈哈哈！"

同学们被肥头的丑态逗得大笑起来。

"丁呤呤！"

上课铃声响了，同学们才往教室走。

"你怎么敢惹他？"牛慧智贴近马尚德悄悄地说，"他爹可霸道呢！"

马尚德"喊"了声，说："我才不怕他爹呢！这个仗势欺人的东西，我非得好好教训他一顿不可！"

牛慧智说："还是躲他远点儿。"

"牛慧智你别怕，这样的人你越怕他，他越欺负你。"马尚德攥攥拳头说。

放学了，肥头要回宿舍，被马尚德叫住了。

"干什么？"肥头仰着肥下巴问。

"我们去玩儿呀！"马尚德说："玩儿当马骑。"

"哦！"肥头乐了，说："你姓马，当然要被当马骑了。"

"当众被当马骑我怕让同学笑话。"马尚德说。

肥头兴致又来了，往校园后面一指，说："到后边去，没人看到的。"

"好吧！"马尚德说着往校园后面走，身后还跟了年旺、牛慧智几个同学。

来到没人的地方，马尚德突然变了脸，冲肥头吼道："给我趴下！"

肥头蒙了，说："玩儿当马骑，你趴下才对。"

"今天就要你趴下！"马尚德往地上一指，说，"是你自己趴下呢，还是我把你打趴下？"

肥头当然不肯了，威胁马尚德说："让我当马，我回去告诉爹,让我爹把你抓进衙门里去。"

马尚德不容肥头再说什么,一拳头打过去,肥头被打得很听话地在原地转了一圈。"进衙门,进衙门……我先揍完你再说。"接着又是一拳。

"还不趴下！"

"我趴下,趴下……"

肥头变成了狗熊,乖乖地趴在了地上。

"年旺,你骑上去。"马尚德命令。

"我——我不敢……"年旺怕得往后退。

"你们谁敢骑我,我就叫我爹把你们全家抓进衙门。"肥头还在威胁着。

"好！你地主老财爹欺压百姓,今天连你也敢仗势欺人。"马尚德大步一跨骑到肥头背上,一只手抓住他的头发,一只手扇他的嘴巴。"驾！啪！驾！啪！"一声"驾",一个嘴巴,打得肥头哇哇哭。

"闭嘴！再哭还打你！"马尚德又狠狠扇了肥头一个嘴巴,"今天也让你尝尝被人骑的滋味。"

肥头立马不哭了,连连求饶："别打了,别打了,我服了,服了……"

"怎么个服法？"马尚德问。

肥头说:"你说让我怎么样就怎么样。"

马尚德说:"我要你发誓,以后不许欺负同学。"

肥头说:"我发誓,不再欺负同学。"

"不许向你爹告状。"

"不向我爹告状。"

"每天打扫宿舍。"

"打扫宿舍。"

"帮助穷人。"

"帮穷人……"

"你要是说话不算数,我还打你。"

"算数,算数,肯定算数。"

"好吧! 起来吧!"

肥头扭头看着马尚德,不敢起来,地上湿了一片。怎么?这家伙从小娇生惯养,从来没有受过这种对待,吓得尿裤子了。

经过这次教训,肥头再也不敢欺负同学了,不但对马尚德毕恭毕敬,对其他同学也客气多了,还时不时地拿出钱来请客。

这以后,同学们都很佩服马尚德,谁有什么困难都找他帮忙。马尚德在学校里威信越来越高,成了学生们的领袖。

第六章
请您开除我吧

虽然肥头没向他爹告状,也没向学校告状,可马尚德制服肥头的事儿像长了翅膀,扑啦啦飞遍校园。没多久,学校学监也得知了这件事,可肥头没举报,也就睁一只眼闭一只眼权作没发生过这回事儿。

从此以后,学校里那些老爹有权有势的学生都不敢再欺负同学了,也不敢飞扬跋扈了。

"马大侠",同学们送给马尚德这个绰号。

马尚德对这个绰号感到骄傲——自己虽然没成为陈玉成、岳飞那样的大英雄,倒也能为大家做点儿事了。

这天,马尚德正在宿舍里专心看书,忽然听到从校园里传来一阵嘈杂声。他放下书本，急忙走出宿舍。

还没走出多远，一群同学愤怒地边说边朝他走过来。

"发生什么事了？"他问胆小的牛慧智。

"学监诬赖老李头儿偷他制服。"牛慧智说。

同学们接着你一言我一语地向马尚德讲述校园里正在发生的事——原来县教育局派来了一个学监，叫佟自儒。学监，顾名思义，就是来监督学校和学生的。

这个学监的制服不知怎么不见了，就诬陷学校烧饭的老李头儿，说是他偷的。老李头儿说，他没有偷。佟学监大发雷霆，向衙门报了案。衙门随即派了几个衙役把老李头儿抓了起来，捆绑着吊在校园里一棵大树上拷问，逼他承认。老师和学生们看不下去了，都说老李头儿是个老实巴交的人，平时都很少说话，整天埋头烧饭、烧水、打水、洗菜，怎么会去偷学监的衣服呢！

马尚德听到这儿，对同学们说："哪儿有这么欺负人的！走，咱们跟他们评理去！"

同学们便也跟着嚷嚷着："跟他们评理去！"

马尚德和同学们来到大树下，看到高高吊在上面的老李头儿，怒火腾地从心头燃起。

衙役们见涌来这么多学生，赶忙上前阻拦。

马尚德举着拳头愤怒地呼喊："不许诬赖好人！"

同学们一齐呼应，跟着喊："不许诬赖好人！"

马尚德接着喊："把人放下来！"

同学们跟着喊："把人放下来！"

一个衙役揪住马尚德，威胁着："你再闹事，把你也吊起来。"

马尚德掰开衙役的手，说："李大爷犯的什么法，吊在树上算是什么刑？"

"这个老家伙犯的是偷盗罪。"衙役瞪着眼珠子说，"吊——吊是轻的。"

马尚德跟衙役讲着道理："犯法应该到衙门审理，把老人吊在学校树上，你们也是有父母的人，忍心吗？"

衙役说："不吊他，他不承认。"

老李头儿忍着疼痛，声音嘶哑地喊："我没偷，我没偷啊！冤枉！冤枉！冤枉！"

"学监！"肥头站到马尚德身边，手一指。

马尚德看到学监半个脑袋在一处房子的墙角探出来，正往这边窥视。"找学监算账去！"他振臂一呼，同学们便呼啦啦朝学监涌去。

佟学监见势不妙，赶忙躲进校长室，把门关得死死的。

"咣咣咣！"

同学们拼命地敲门。

校长只好把门打开,同学们跟着马尚德涌了进去,把校长室挤得满满的。

"怎么回事?怎么回事?"校长连连发问,装作不知道。

马尚德站了出来,对校长说:"佟学监说他的衣服丢了,还说是老李头儿给偷去了,现在把老李头儿吊在树上。这事学校管不管?"

校长忙说:"管,管。"

同学们把佟学监推到校长面前,七嘴八舌地嚷嚷着:

"你凭什么说老李头儿偷了你的衣服?"

"谁看见了?"

"私自吊人就是不对!"

马尚德压住火气,对校长说:"同学们说得对,捉奸捉双,抓贼抓赃。佟学监,你在老李头儿那儿抓到赃物了么?"

佟学监支吾着,说不上来。

校长问佟学监:"是啊!你怎么认定是老李头儿偷了你的衣服呢?"

佟学监不面对学生了,把矛头转向校长,威胁他说:"你是一校之长,在校园里竟然发生偷盗事件,就是找不到赃物,也要追究你的责任。"

校长一听软了下来,对马尚德说:"你把同学们带走,别多管闲事。"

马尚德一挺胸脯,说:"我和同学们是来评理的,怎么是多管闲事呢? 我看校长你是与佟学监一个鼻孔出气。"

"哎呀!"校长见马尚德竟敢跟他顶撞,就板起脸来,"你还想不想读书?"

马尚德见校长用"开除"来要挟他,毫不畏惧,说:"不读就不读,你开除我吧!"

佟学监就势说:"学校的捣乱分子,开除他!"

马尚德见校长不说话了,口气缓和下来,说:"校长,我们确山县第二高等小学是有名的学校,以育人育德闻名。如今在这样的学校里发生偷盗事件、吊人事件,传出去是不是有辱我们学校的名声啊!"

同学们又开始高呼:"把人放下来!""不许诬陷好人!"

"佟学监向老李头儿道歉!"

校长被呼喊声弄得手足无措的当儿,一个学生气喘吁吁地跑来,说:"校长,佟学监的衣服找到了。"

校长忙问:"在哪儿找到的?"

那个学生说:"在他宿舍里。"

佟学监连忙否认:"不可能,不可能!"

校长说:"走! 我们看看去。"

马尚德和同学们跟着校长又涌向佟学监的宿舍。

不用进屋，从佟学监的宿舍窗户往里看，就能看到一件制服放在床上。

佟学监一时傻了眼，说不出话来……

"校长，是不是把李大爷放下来啊？"马尚德故意这么问。

"快快！放下老李头儿。"校长只好下令。

同学们蹦着跳着挥着手欢呼胜利。

"怎么在我床上呢？"佟学监别愣着脑袋怎么也琢磨不明白。

学校根据马尚德和同学们的要求，要佟学监在全校师生面前给老李头儿道歉。开始，佟学监说什么也不干。马尚德说："你不道歉，我们就把这件事公布到报纸上。"

校长为了顾全学校的脸面，只好求佟学监依了同学们的要求，在第二天早操时向老李头儿道歉。

事后，老李头儿找到马尚德，说："孩子呀！多亏你仗义执言，救了我。"

马尚德说："李大爷，别谢我。不是我一个人，而是靠同学们大家的力量，才斗败的佟学监。"

通过这件事，马尚德深深地感到，只要团结起来，坚决斗争，就会取得胜利。

第七章
你会杀人，我敢放火

马尚德和同学们正在操场上玩儿，张老师突然从校门口跑进来，气喘吁吁的煞白的脸上还流着血。

"怎么了，张老师？"马尚德停下游戏问，"谁打的？"

张老师光顾大口大口地喘气，说不上话来，只是往身后指着。

说话间，三个兵痞追进了校园，虎狼似的直奔张老师。

张老师吓得赶忙躲到学生们身后。

马尚德一见兵痞就明白了，张老师是被他们打的。"保护张老师！"马尚德一声呼喊，同学们呼啦一下把张老师围了起来。

"闪开！闪开！"一个秃头兵痞上前把高出其他学生一头的马

尚德一拉,马尚德被拉了个趔趄。

马尚德并不示弱,也上前一拉,把秃头拉到他身后。

秃头这下子不干了,"哗啦"顶上子弹,喝道:"闪开! 不闪开我就开枪了! "

马尚德面对黑洞洞的枪口,挺起胸膛,面不改色,说:"有种的就照这儿开。"

秃头和马尚德僵持着……

整个操场死静死静……

僵持了好一会儿,秃头的枪口低下了。

马尚德高声质问:"你们当兵的手里有枪,欺负一个手无寸铁的老师算什么能耐! "

"他得罪我们了,就该挨打! "秃头不依不饶。

马尚德语气平稳地问:"张老师怎么得罪你们了? "

秃头梗了下秃脑袋,说:"这个教书的骂我们。"

马尚德冷冷地问:"怎么骂你们了? "

秃头说:"他骂我们兵痞。"

马尚德想了下,说:"谁能证明张老师骂你们了? "

一个兵痞跨上一步,说:"我证明。"

另一个兵痞也上来说:"我也证明。"

马尚德说："你们是一伙儿的，证明不算数。"

"还用什么证明吗？"秃头火了，揪住马尚德的衣领，骂道："小兔崽子你吃了熊心豹子胆了……"

"你……"马尚德对兵痞的出言不逊气愤至极，"大家听听，是谁在骂人，谁在骂……"

"骂人，我还打人呢！"秃头说着，想要冲过学生们的"人墙"去打张老师。

马尚德朝同学们一挥手，说："上！"

话音一落，几十个学生就一拥而上，连推带打地把兵痞们赶出了学校。

兵痞们出了校门，张老师双腿一软，瘫在那里。

马尚德扶起老师，靠在树干上，问："究竟是怎么回事？"

张老师缓了会儿神，讲述了他与兵痞遭遇的过程……原来，刚才张老师到"面馆"吃面条，遇到那几个兵痞也去吃饭。可他们吃完了抹嘴就走，不给钱。饭馆老板上前索要，被兵痞给推倒了，磕掉了牙齿。张老师看着气不过，便骂他们是兵痞。兵痞们见一个文弱书生竟敢骂他们，不容分说，上前就打。张老师哪肯等着挨打，爬起来就逃，最后逃进了校园……

"马尚德，老师谢谢你救了我一命。"张老师握住马尚德的手说，"要不，我非让这些兵痞打死不可。"

马尚德说："张老师别这么说。要谢得谢同学们，是大家的力量把兵痞赶走的。我只是牵个头。"

"秀才遇到兵，有理说不清啊！"张老师叹着气说。

"有理我们就能说得清。"马尚德挥了下拳头说，"我们不怕他们！"

张老师摇头说："兵痞们吃了亏，看来不会善罢甘休的……"

果然，张老师的话应验了。

那几个兵痞被赶出校园，想来想去感到实在窝囊，觉得太丢脸了，怎能甘休呢！

第二天中午，"走！"秃头招呼那两个弟兄，"到小学去好好收拾收拾那个高个儿小子。"

秃头又叫了五六个兵痞，气势汹汹地来到学校。

一进学校，他们就嚷着要找昨天那个挑头儿的高个子男生。

校长闻听，赶紧从办公室里跑出来，问："军爷怎么了？"

秃头对校长说："还怎么了？你们一个高个儿学生昨天把我们给打了。"

校长多少听说了昨天张老师被兵痞追打、马尚德带领同学们把他们撵出校园的事儿，以为事情就这样过去了，没想到兵痞又找上门来。他怕把事情闹大，便赶忙一个劲地道歉："都是我管教无方，对不起，对不起啦！"

"光说对不起不行！"秃头寸步不让。

别的兵痞在一边儿把枪栓拉得哗啦哗啦响。

校长吓得不行，说："别——别动武。有话好好说，好好说……"

"别的不说，快让那个高个儿小子给我出来！"秃头不依不饶。

原来，同学们一听兵痞要找马尚德算账，就把他关在教室里，不让他出来。马尚德在教室窗子里看得清清楚楚，也听得清清楚楚，便推开同学，闯了出来。

秃头一指马尚德，说："就是这小子！"

马尚德毫不畏惧，说："是我怎么样？"

秃头蛮横地说："你的老师骂人，你打人，今天我们就是来算这个账的。"

"张老师不是就说了一句'兵痞'吗？"马尚德沉着地说。

"'兵痞'就是骂人。"一个兵痞插嘴。

马尚德语气放平和地说："痞者，痛也。在医学上说，腹内结滞而痛。用在形容人就是恶棍、流氓、无赖。"

"校长你听,他还在骂。"秃头指着马尚德说:"有什么老师就有什么学生。不是欠打吗？打！"

校长拦住兵痞们,连连说好话:"别,别动武。到我办公室坐坐,喝杯茶。"他也认为马尚德说重了,是在激怒兵痞。

兵痞哪听得进校长的话,围住马尚德就要动手。

马尚德急了,钻出兵痞的"人圈",不过没往校外跑,而是爬到了房子上。

兵痞们以为这小子被吓蒙了——怎么逃到房子上去了？

让他们没想到的是马尚德从衣兜里掏出一盒火柴,在手里晃着对兵痞们喊道:"你们看看,知道这是什么吗？是洋火！你们要是不走,把我惹急了,我就把房子烧了。"

秃头冲马尚德喊:"有能耐你就放火。"

"你们敢杀人,我就敢放火。"马尚德说着从火柴盒里拿出两根火柴,做着擦划的姿势。

校长赶忙对秃头说:"这个学生来了犟劲儿,我们也管不了他。"

秃头也来了犟劲儿,说:"一小嘎崽子敢跟我们当兵的犟？活够了？"

校长还是劝着兵痞们:"你们还是走吧！你们不走,真把他逼急了,一定会烧房子的,那可不是闹着玩儿的……"

秃头满不在乎地说:"烧吧!反正烧的是你学校的房子。"

"是我们自己的房子。"校长说:"房子烧了,事情闹大了,说军人到学校无理取闹,你们吃不了兜着走不说,你们的官儿也会跟着吃瓜落儿,饶不了你们的。痛快走吧!再说,我跟你们师长相识,昨天还在一起喝酒来着呢!"

秃头和兵痞们觉着校长说的是,迟疑地站在那儿。过了一会儿,秃头给自己找台阶下,只好指着房上的马尚德冲校长说:"走可以,你得好好教训教训那小子。"

校长忙说:"一定,一定。"

"撤!"秃头一挥手,兵痞们灰溜溜地出了校园。

同学们冲着兵痞们的背影起哄。

兵痞们走了,校长的汗也从额头冒了出来……

第八章
是针就有尖

坎坷和不幸的童年，在马尚德幼小的心灵里早早播下了正义、坚毅、勇敢的种子。在走进学堂，融入社会后，这些种子渐渐地发芽、生根，他萌发出疾恶如仇、敬仰英雄、同情劳动人民的情感。无论是在本村读私塾，还是以优异成绩考入县立第二高小，其秉性和品格都为村民、老师和同学们称赞，村里乡亲们夸他"将来必成大器"。

马尚德的作文写得好，好就好在他通过作文来抒发自己的真情实感，将自己的理想、志向、奋斗目标淋漓尽致地展现出来。老师在他的一篇作文后批语道："格局完整，词意简练，炉火纯青也。"从在学校里智斗反动学监、勇救老校工，到与兵痞对峙……

已经显露出少年杨靖宇卓越的胆识和智慧。

在学校里,马尚德最爱听黄老师讲"五四"运动。

这天放学后,马尚德找到黄老师,说:"黄老师您有时间吗?"

黄老师问:"有什么事情吗?"

马尚德央求道:"黄老师能不能给我讲讲'五四'运动?"

这让黄老师感到惊讶——马尚德这么小的孩子就对先进思想这样关心,他不禁来了兴致,说:"有时间。我们到校园里走走吧!"

于是,师生两人在校园里散步,黄老师一边走一边讲着"五四"运动。

马尚德静静地听着黄老师讲:"第一次世界大战结束后,1919 年 1 月,美、英、法、意、日等帝国主义国家在巴黎召开了所谓的'和平会议',实质上是一个帝国主义的分赃会议,目的是为了重新分配殖民地和划分势力范围。那时,中国曾经在战争期间对德宣战,也算是战胜国之一,因而派出了陆征祥、王正廷和顾维钧等五人组成的代表团参加和会。在中国人民舆论的压力下,中国代表向和会提出废弃帝国主义在中国的势力范围、撤退外国军队、裁退外国邮政电报机关、撤销领事裁判权、归还租借地、归还租界以及关税自主等七项条件。代表到达巴黎后,由于留欧中国学生的要求,又提出取消'二十一条'(1915 年 1 月,日本向中国政府提出的,企图把中国的领土、政治、军事及财政等都置于日本的控制之下的二十一条无理要求)和要求收回大战时被日本乘机夺去的德国在山东的权利。"

"中国的地盘,就是要收回来!"马尚德打断黄老师的话说,"小日本儿凭什么赖在山东?"

"就凭借他们的洋枪、大炮。"黄老师接着讲:"当时,许多中国人对'巴黎和会'的本质还认识不清。由于美、英、法和日本相互勾结,中国北洋军阀政府又奉行对外妥协的卖国政策,帝国主义根本不理睬中国人民的正当要求,反而无理地在和约中规定把德国在山东的各种特权全部让给日本;至于日本强加在中国人民头上的'二十一条',又借口不在会议的讨论范围之内而置之不理。"

马尚德又忍不住地说:"卖国贼真可恨!"

"帝国主义欺负咱们中国,中国人民决不答应!"黄老师忿忿地说,"5月1日,北京大学的一些进步学生得知了和会拒绝中国人民要求的消息。当天,学生代表就在北京大学西斋饭厅召开紧急会议,决定5月3日在北大法科大礼堂举行全体学生临时大会。5月3日,中国外交失败的消息在报上发表,全国群情激昂,人们的悲愤再也不能抑制,一场声势浩大、波澜壮阔的爱国运动终于爆发。晚上，北大法科大礼堂挤满了学生。听到演讲者讲述中国在和会上外交失败的情形，学生们个个都捶胸顿足，愤慨万分。有一个北大学生，当场咬破中指，撕破衣襟，血书'还我青岛'四个大字，悬挂在会场的台前，表示爱国的决心。5月4日下午一点多钟，北京大学、高等师范（北京师范大学的前身）、工业专门学校、农业专门学校、朝阳大学以及汇文中学等十四个学校的学生三千多人，纷纷来到了天安门广场。他们手拿各色各样的旗子、标语牌，上面写着'取消二十一条''还我青岛'和'宁肯玉碎，勿为瓦全'等字样，有的还绘着山东的地图和各种讽刺画。'五四'运动开始爆发啦！"

"哦！'五四'运动是这样爆发的呀！"马尚德敬佩地说，"北京的学生真了不起！"

黄老师接着说："当学生们正在天安门集会时，北洋军阀政府的步军统领和警察总监带着一批军警闻讯赶来，企图以"大总统"的命令解散学生队伍。学生们愤怒极了，高呼'打倒卖国贼'的口号。随后，游行队伍浩浩荡荡地前往东交民巷使馆区，表示中国人民的意志，试图使帝国主义改变对中国的态度。但是帝国主义的巡捕和北洋军阀政府的反动军警不准队伍通过。队伍退出东交民巷后，便直奔赵家楼胡同曹汝霖住宅。警察总监加派二百名警察守卫曹宅。学生围攻警察,向他们讲道理。少数勇敢的学生则从窗口跳入院内,打开大门,使大队学生冲进曹宅。曹汝霖从后门溜走。学生们痛打了正在曹家的章宗祥,并在曹宅放起火来。北洋政府派出大批军警,逮捕学生和市民32人。"

黄老师讲到这儿,马尚德兴奋地跳了起来,说:"好!烧得好!"

"同学们的正义斗争获得了社会各阶层群众的广泛同情,社会各界对政府当局纷纷提出抗议。北洋军阀政府不得不在5月6日释放被捕学生。5月7日,北京、天津、上海、南京、武汉、长沙、广州和重庆等地学生都在这一天举行了大规模的集会和游行示威,运动在全国范围内迅速传播开来。"黄老师给马尚德讲了有一个多小时,看看天色渐晚,说:"尚德,'五四'运动将推动中国走向新的文明。关键是我们要以实际行动来发扬'五四'精神。"

"'五四'精神……"马尚德思考着。

"就是说,要看你怎么做了。"黄老师补充着,"这是一场革命。"

"我会像北京学生那样去做……"马尚德望着天边泛起的晚霞说,"让革命之火烧尽封建思想。"

与黄老师分手后,马尚德还沉浸在兴奋之中,他回到宿舍,铺开纸张,提笔写了起来……

黄老师给他讲的"五四"运动的情景在他脑子里不断地闪

现,他思如泉涌,挥笔成章。

第二天,马尚德把作文交给黄老师,说:"请老师批示。"

黄老师看着文中的语句"……烽火连天,战声交耳……万民感受其荼苦……长此不息,则中国土崩瓦解之祸不远矣……",不禁激动地拍了下桌子,赞道:"好!妙!"

"黄老师,这是我内心的真实吐露……"马尚德解释说。

黄老师看到马尚德还是个少年就有这样的忧国忧民的思想,不但为之震惊,同时还担心他出事,就劝诫道:"尚德啊,听老师的话,以后可不要这样锋芒毕露。"

"难道我们怕那些坏人不成?"马尚德下巴一扬。

"不不。"黄老师进一步说,"要和坏人做斗争,首先要注意保护好自己。"

"老师你看斗兵痞,他们手里还有枪呢,最后怎么样,还不是在我们面前低头了吗?"马尚德说,"我不怕!"

黄老师拍拍马尚德的肩头,说:"尚德啊,你还小,等成熟了就会知道保护好自己才能和敌人坚持斗争的道理。"

五四运动对马尚德的思想影响很大。以后,他和同学们上街游行、讲演、散发传单、张贴标语,还积极参加抵制日货的活动,很快成为学校学生运动的积极分子。

第九章
小小少年抵制日货

反帝爱国的"五四"运动爆发后，中国各地爱国群众纷纷开展抵制日货运动。确山县城的民众也掀起了抵制日货的浪潮。

一天上午，马尚德带领着同学们，手里拿着写着"抵制日货""日货从中国滚出去"和"爱国货就是爱国"的小旗子，到火车站和街市搜查日货，向老百姓宣传购买日货的危害和抵制日货的意义。

他带领队伍正走着，铁路工人老曹跑来，对马尚德说："小同学，有个可疑的店主，昨天夜里提走几大包货物。"

马尚德说："这有什么可疑。"

老曹说："那个店主是拿着县长手谕的，不知里面有没有日货？"

马尚德琢磨着说："提走货物……还拿着县长的手谕……这

里肯定有问题。曹大叔,是哪个店铺?"

曹大叔手一指,说:"就那个鸿祥庄。"

"走!"马尚德一挥手,同学们跟着他呼啦啦朝鸿祥庄涌去。

同学们刚到鸿祥庄门前,老板便迎上前来,问:"同学们,你们这是干什么呀?"

马尚德说:"干什么你心里比我们都清楚。"

"究竟什么事儿?"鸿祥庄老板装糊涂,"我——我怎么会清楚?"

马尚德笑了下,说:"我提示一下老板,昨天夜里……"

鸿祥庄老板也笑了下,说:"夜里能干什么呀!睡觉了。"

马尚德冷笑道:"没做噩梦吧?"

鸿祥庄老板怔了一下:"噩梦?没有啊!"

马尚德点他:"没梦到一个小鬼手里拎着几大包货?"

鸿祥庄老板慌了:"哪来的小鬼?"

"哼哼!"马尚德说,"还拿着县长的手谕。"

鸿祥庄老板觉着被眼前这个小学生给耍了,说:"既然知道了有县长手谕,那你们还来干什么?"

马尚德稳稳地说:"请问老板,县长的手谕花多少钱买的呀!"

鸿祥庄老板连忙否认:"买?没买,没买。"

马尚德坚持说:"是县长买,你卖的。"

鸿祥庄老板岔开话头："你这个小同学怎么专跟我找茬？走开！影响了我做买卖，损失你赔得起吗？"

马尚德不吃他这一套，冲同学们一挥手："同学们，进去查日货！"

同学们呼啦啦闯进鸿祥庄。

鸿祥庄老板和伙计想拦，可哪里拦得住。老板附着耳朵吩咐伙计，伙计忙跑开了。

不大会儿工夫，同学们就从店里查出一大堆日货。

"你把眼镜好好擦擦，睁开眼睛仔细看看，这是不是日货！"马尚德对鸿祥庄老板说，

"全部没收。"

"哼！只要你能没收得了……"鸿祥庄老板双臂一抱，摆出一副死猪不怕开水烫的架势。

"县衙来人了。"一个同学跑来对马尚德说。

果然，一个穿着制服的县衙"巡查"（当时县衙的一个官职）官员跟着鸿祥庄的伙计赶来。

鸿祥庄老板赶忙上前告状："巡查大人你看……这帮学生把我的货都当日货了。"

"怎么是日货呢？"巡查装模作样地看了一遍，朝店里一指，说："都搬回去！"

"慢！"马尚德身子一挺，挡在店铺门口，说："巡查大人，请您看清楚，国货日货您还分不清？"

"什么国货日货的。"巡查对马尚德板起脸孔，"你们小学生应该在学校里好好学习，跑到商家店铺来捣乱，还让不让人家做买卖了！"

他以为能吓住小小年纪的马尚德，可没想到马尚德毫不畏惧地说："巡查大人您身为国家官员，在国人群起抵制日货之时，不但不思报国为民，却反而为不法奸商说情，您还有没有中国人的良心？"

"你——你……"巡查被问得哑口无言。

同学们见状，七嘴八舌地说："你说呀！""怎么不开口？"

"是啊！你还有没有中国人的良心？"

"我不跟你们讲……我找你们校长去。"巡查见马尚德软硬不吃，灰溜溜地走开了。

"哈哈哈！"

同学们望着巡查的背影大笑。

校长匆匆赶到鸿祥庄，见学生们都聚集在此，就直奔马尚德，说："又是你闹事。"

"校长您好。"马尚德头一扬，"抵制日货，怎么能说是闹事？"

"没工夫和你理论。"校长手一摆，"你带同学们在这里没收日货……学校准许了吗？"

"爱国不需要谁来允许。"马尚德理直气壮地说,"国家有难,匹夫有责。"

"你——你……"校长也没词儿了,支吾半天才拿出了杀手锏,"不听劝诫,就开除你们的学籍。"

马尚德毫不畏惧,斥责道:"校长,您不爱国,还反对学生爱国?校长,要是你真敢开除我们爱国学生,我就号召全校同学罢课!"

面对马尚德的大义凛然,校长真是又气又恼又怕。他心里头很清楚,时下各地学潮不断,抵制日货是国人众心所向,要是真把学生激怒了,把事态搞大了,自己只会落个卖国罪名。想到这儿,他冲马尚德摆摆手,摇着头说:"唉!真乃孺子不可教也。"说完悻悻地走开了。

"嗷嗷!"同学们冲校长背影起哄。

"烧掉日货!"杨靖宇一挥手,同学们一把火点燃了日货。

熊熊烈焰腾空而起,映红了马尚德的面庞,也烤热了同学们的爱国心。

"嗷嗷!抵制日货!"

"嗷嗷!打倒日本帝国主义!"

在火光的映照下和众人的呼喊声中,马尚德感受到了勇敢的力量、爱国的力量和人民的力量。

第十章
投身革命

少年时代的马尚德亲眼看到了祖国山河破碎、民族危亡加剧、人民生活痛苦不堪的惨状，也接触到一场场惊心动魄的斗争。这一切都猛烈地撞击着他的心灵，激起了他"天下兴亡，匹夫有责"的报国责任感。

冬去春来，柳絮飞霜，马尚德转眼长成了 18 岁的大小伙子了。

这年秋天，马尚德以优异的成绩考入了河南省开封市省立第一甲种工业学校。

迈进新的校门，马尚德除了刻苦学习专业知识外，还钻进图书馆如饥似渴地阅读各种图书。他阅读了《新青年》和《向导》等杂志上的许多文章。

《新青年》是一份由中国共产党的创始人陈独秀、李大钊为主编和主要撰稿人的进步刊物。这个刊物号召人民大众高举民主和科学的大旗，冲破腐朽罗网，反对封建主义的统治，"五四"运动以后，它又成了宣传马列主义的阵地。《向导》是中国共产党创办的机关刊物，专门宣传马列主义和党的立场、观点和主张等。

马尚德在学习理论的过程中，对马列主义和俄国的十月革命有了更深的了解。在学校里，他常和身边的共产党员、进步教师接触，听他们讲无产阶级革命的道理，渐渐地看清了以后的奋斗方向，找到了自己今后前进的道路。

1925年，"五卅"惨案的消息传到了开封。

当时帝国主义以经济剥削为主，对中国进行侵略。中日甲午战争后，中国被迫签订马关条约，准许日本在中国各口岸设立工厂，利用中国的原料和廉价劳工进行经济侵略。日本人仅在上海一地就设有23家纱厂，占全上海纱厂总数的三分之二。日本厂主对待工人非常苛刻，工人每日工作12小时以上，工资每日仅一角五分钱，还要扣百分之五存在厂里，需至工作满十年才能归还；半途辞工者储蓄金就被没收。

1925年2月，日商内外棉纱厂第八厂推纱间发现一名童工尸首，胸部受重伤十多处，经查是被纱厂日籍管理员用铁棍殴打致死。工人们目睹这一惨状，群情激愤，全体罢工。后来经过上海总商会出面调停，日本厂主答应以后不再打骂工人，同时每两周发放工资一次。工人们接受了这个条件，决定复工。

5月间，日本各纱厂以男工为主不断地涌起风潮，厂主竟然将男工都开除，换为女工。这一来，引起了22家工厂的工人大罢工。经过上海各团体调停，工人以改良工人待遇、发还储蓄金为条件复工。不料，内外棉纱厂第八厂又开除工人数十名，工人不服，推举代表顾正红等八人向厂主交涉。在交涉中发生争执，日本人突然开枪，打死了顾正红，其余七人受伤。受伤工人向公共租界工部局请求援助，工部局不仅不予以公平处理，反而对其控以扰乱治安罪名。这样一来，群情更为激愤。

5月22日，上海各团体开会追悼顾正红，上海各大学学生蜂拥前往参加，路经公共租界时有四人被捕。于是上海学生会开会决议，组织演讲队，出发到租界进行宣传。5月30日学生联合会分派多队在租界内游行讲演。当天下午，一部分学生在南京路被捕，其余学生和群众千余人空着双手到巡捕房门口要求释放被捕者。英国捕头爱伏生竟下令开枪向群众射击，当场打死学生4人，重伤30人。租界当局调集军队，宣布部分戒严，上海各大学校也遭封闭，这就是"五卅惨案"。

惨案发生后全国震动。北京的学生第二天立即响应,全国各大都市学生也先后罢课,进行反帝国主义示威游行。一时之间反帝爱国运动风起云涌,民意沸腾。

中共中央也立即召集会议,决定扩大斗争规模,号召上海人民举行罢工、罢课、罢市,以抗议英帝国主义的大屠杀。在共产党人蔡和森、李立三和刘少奇等人的领导下,31日晚上海有组织的二十余万工人成立了上海总工会,选举李立三为委员长。6月1日,上海全市的总罢工、总罢课和总罢市开始了……其中包括二十余万工人的总同盟罢工,五万学生罢课,绝大部分商人参加了罢市。

6月7日,由上海总工会、全国学生联合会、上海学生联合会和各马路商界总联合会推举代表,组成"工商学联合委员会",提出了惩办凶手并赔偿、取消领事裁判权以及永远撤出驻沪的英、日海陆军等17项交涉条件。同时运动继续发展和扩大,北京、天津、南京、青岛、杭州、开封、郑州以及重庆等全国各大城市和几百个城镇的人民,纷纷举行游行示威、罢工、罢课和罢市,并通电和捐款,以示支持,形成了全国规模的反帝怒潮,并得到国际工人阶级的声援。

开封各界人民也积极行动起来,支援上海人民的反帝斗争。

青年杨马尚德和同学们走上街头，平常很少说话的他就像变了一个人似的，站在高高的台子上，挥动着手臂，高声地向游行的人群宣讲着："同胞们，我们再不能像一头牛一样地忍受宰割下去了，我们再不能任凭那些帝国主义刽子手们屠杀了！"

台下高呼："打倒帝国主义！"

马尚德接着讲："我们祖国的土地，还在遭受着野兽们的践踏……起来吧！同胞们！全中国人民站起来！举起铁拳吧！拯救我们的祖国，拯救自己的命运！"

民众们高呼："打倒帝国主义！拯救祖国！"

马尚德走下台，和同学们去商店、火车站等地检查英国货物，到处散发支持"五卅"运动的传单。

学生运动轰轰烈烈，让当局感到惧怕，就责令学校提前放了暑假，试图制止学生运动继续发展。

为了坚持斗争，河南省和开封市学生会、青年协会，根据中国共产党的指示，发出号召，要青年学生利用假期返回自己的家乡，发动群众参加到反帝国主义的斗争中来。学生们纷纷响应，马尚德也和其他二十多位同学回到了家乡确山县进行鼓动宣传。

回到确山，马尚德被推选为宣传组主任，按照组织计划展开宣传活动。他组织同学在三个不同地点办起了农民夜校，组织一百多名农民来夜校学习。在夜校里，同学们既讲文化，也讲反帝反军阀、爱国爱民族的道理，宣传革命思想，扩大革命影响。

就这样，一直到学校开学前，马尚德才率同学们回到学校。由于他表现突出，这年夏天，共青团组织接收他为团员。

入团后，马尚德感到肩上的担子更重了，他以更大的政治热情投身到革命的洪流中。

第十一章
农协主席

1926 年，北伐战争胜利发展。

国民革命军在攻占武汉三镇之后，开始向河南迅猛进发。

为响应北伐、迎接国民革命军的到来，马尚德接受了党的指示——回到河南老家确山县发动和组织民众，声援国民革命军进军河南。

"妈！我回来了！"马尚德还没进屋，喊声先飞进了屋子。

妈妈闻声迎出来，见到儿子非常高兴："尚德，可让妈想死了……"说着，泪水在眼睛里打转。

"妈！快进屋。"

马尚德把妈妈扶进了屋子，让妈妈坐下，打量着妈妈说："妈妈有白头发了……"

"我儿子都这么大了,怎么能没有白头发呢?"妈妈说,"儿大催娘老哟!"

"妈,儿子一定要把地主、资本家、军阀打倒,让您过上好日子。"马尚德给妈妈倒了一杯水,递到妈妈手上,"到那时,建立一个新中国,让穷人当家做主。"

妈妈问:"你这次回来是……"

马尚德说:"是来发动组织民众,声援国民革命军到咱们河南。"

母子俩正说着话,乡亲们听说马尚德回来了,陆陆续续地来看望。

一时间,马尚德家低矮的茅屋里就挤满了人。

"来来,坐,请坐。"马尚德招呼着乡亲们,又是让座,又是沏茶。

"大家听我说说外面的情况好吗?"马尚德问乡亲们。

大家应着:"好啊! 就讲给我们听听吧!"

马尚德就把自己在开封看到和听到的工人和学生示威游行、声援"五卅"运动的情况讲给乡亲们听。

大家叽叽喳喳地议论着——看来世道要变了。

马尚德绘声绘色地讲形势,也讲道理……一连好几天,他家的小茅屋里总是挤满了乡亲们。来听他讲的人越来越多,屋子里坐不下了,他招呼大家到院子里,院子里又挤满了人……

老马家就像办喜事一样,整天热热闹闹的。后来,院子里也站不下人了,他就转移到场院上讲,乡亲们就像看戏似的,听也听不够。

妈妈看到儿子除了给乡亲们讲革命道理,就是在外边跑来跑去,在家里人多待一会儿的工夫都没有,就担心地叮嘱儿子:"尚德啊!可要当心啊!别闹出事儿来。"

马尚德说:"妈,你放心吧!儿子做的事儿是为了老百姓好的事儿,不会给你惹祸的。"

儿子讲的,妈妈听了,也听明白了,可她还是不知道儿子到底是干什么的。这天很晚了,马尚德才回家。"尚德你坐这儿。"妈妈拍拍床沿说。

马尚德坐下了。问妈妈:"什么事儿啊!"

妈妈问儿子:"尚德,你到底在做什么呀?"

马尚德笑了下,对妈妈说:"妈,您老放心,我是在做正经事儿。"

"正经事儿……"马尚德再次郑重地回答。

"那究竟是什么事儿,能告诉妈妈吗？"妈妈还是不太懂。

马尚德就跟妈妈讲,他是在做发动群众的工作,是让老百姓起来打倒地主老财,穷人自己当家做主。"妈,我做的就是让劳苦大众过自由平等的生活的大事。"

"哦！是这样……"妈妈明白了,也理解了儿子,可还是放心不下,"尚德啊,处处可要小心呀！"

马尚德答应着,说:"妈,我还要出去一会儿。"便转身又出了家门。

其实,这次马尚德回家就是来宣传群众、发动群众,组织成立农民协会的。

在马尚德的努力下，全县农民协会的会员很快就发展到了一万多人。不久,确山县召开了第一次农民协会代表大会,马尚德被选为农协主席。

第十二章
起　义

农民协会成立以后,确山农民起义很快就爆发了。

这天一早,曙光从金顶山上空泛起,一面红彤彤的农民协会的旗帜随风飘扬。旗帜下,作为确山县农民起义总指挥的马尚德,将手中的大刀向前方一挥,下令:"向确山县城进发!"拿着梭镖的农民自卫军,兵分四路扑向确山县城。

"打倒土豪!"

"打倒军阀!"

"活捉狗知县!"

"冲啊——"

"杀呀——"

农民自卫军怒吼着冲向县城。

农民自卫军大军先捣毁火车站，切断了来往的火车交通。又切断了电话线，让县城里的敌人与外界断绝了联系。

农民自卫军把确山县城围得水泄不通，连个老鼠都逃不出去，更何况城里的敌人。

敌人也不是吃干饭的，见县城被农民自卫军包围了，他们依据高高的城墙朝农民军开枪。

马尚德见硬冲会造成农民自卫军的重大伤亡，便指挥农民自卫军用自制的土炮向城里轰炸。

"开炮！"

随着马尚德的号令，土炮向城楼猛烈轰击。

"轰！"

城楼被轰掉半边，吓得敌人纷纷逃下城楼。

"继续轰击！"

土炮向城楼继续轰击，城楼"轰隆"一声被轰塌了。

龟缩在县城里的军阀吴佩孚的军队急得像热锅上的蚂蚁团团转，可怎么转也转不出农民自卫军的包围。

忽然，从城墙的豁口打出一面白旗。

怎么？敌人要投降？

敌人不是投降,是为了拖延时间等待援军,派出代表来和农民军议和。

"议和的唯一条件就是你们投降。"马尚德的态度很强硬。

敌人的议和代表说:"只要农民自卫军停止进攻,我们有话好说。"

马尚德冷冷地问:"说什么?"

"先听听你们的条件。"敌人的议和代表说,"说吧,要什么?"

马尚德看透了敌人"拖延时间"的阴谋,说:"去,回去告诉你们的主子,我们的要求就是推翻你们的封建统治,人民当家做主。"

敌人的议和代表一时哑巴了,灰溜溜地滚回了城里。

"开炮!"

马尚德指挥着土炮更猛烈地向敌人轰击,很快又轰塌了城墙东南角上的城楼。

经过几天的激战,守敌已弹尽粮绝,又无险可守,弃城而逃。

城门终于打开了。

农民自卫军冲进城里,呐喊着追杀残敌。

这次攻城战斗,农民自卫军大胜,活捉了县知事王少榘,歼敌二百多人。

农协的旗帜在确山县城上空呼呼啦啦地高高飘扬。全县农民簇拥着马尚德走上街头，欢呼胜利。孩子们手里拿着彩色小旗，在人群里欢笑着跑来跑去；老人们更是高兴得不得了，说这次的攻城战斗声势比当年太平军还要大，尤其是马尚德这人真是不得了，一炮就把城楼给轰掉了。

攻下县城后，农协便在县城里开仓放粮，救挤穷人。穷苦的老百姓扛着粮袋子乐颠颠地回家，头一次能吃上一顿饱饭。

由于敌人逃跑得实在仓促，军火都没来得及带走。农民自卫军打开敌人的军火库，用缴获来的武器弹药装备自己的队伍。

攻下县城的第二天，确山县建立了河南省第一个革命政权——确山县临时治安委员会，马尚德被选为常委。

这次农民起义，不但有力地支援了北伐战争，也使马尚德在斗争中变得更加坚强。

第十三章
大老张是谁

　　就在革命高潮到来的时候，蒋介石背叛了革命，突然把枪口对准共产党人和革命群众，发动了"四·一二"反革命政变。共产党人和革命志士的鲜血流成了河，大革命失败了，白色恐怖笼罩着中华大地。在革命低潮中，很多不坚定分子背叛革命，投到敌人那边去了。在这危急关头，马尚德没有被反动派的嚣张气焰吓倒，反而加入了中国共产党，实现了自己多年的愿望。秋天，国民党反动军队包围了确山县城。马尚德指挥农民自卫军杀出一条血路，冲出敌人的包围圈，向确山县东南地区转移，使这支革命力量保存了下来。

　　冲出敌人的包围后，马尚德集合好队伍，响应党组织开展秋收起义的号召，在刘店发动秋收起义，并担任这次起义的总指挥。由于他的周密安排和果断指挥，这次起义获得了成功。这之后，他又率兵转战豫南，继续扩大胜利成果，不久就建立了鄂豫皖工农民主政府，把部队改为工农红军游击队，他任总指挥。1928年秋天，马尚德在一次战斗中负了伤，党组织根据工作需要和他的身体状况，决定把他调到河南开封和洛阳一带做白区工作。

后来，马尚德按照党组织的安排，化名张贯一，到辽宁抚顺工作。

这天晚上，抚顺煤矿的夜班采煤工人们发现多了一个"煤黑子"，而且他干活还挺卖力气。刚开始那几天，工人们很少有人与他搭话，都躲着他。为什么呢？因为以前工人们吃过这方面的亏：对新来的工人很亲近，可谁知原来是敌人派来的密探。为此，工人们对新来的人很是提防，不轻易接触。

工人们如此冷淡他，马尚德反倒高兴——是为工人们的警惕性高而高兴。他不急，要让工人们慢慢地接受他。

这天下班，老孙头儿拖着病重的身子向工头儿借钱，工头儿不仅不借，反而说他活儿干得不多，事儿倒不少，一抬手就要开除他。老孙头儿听了着急得直掉眼泪。

马尚德看在眼里，便悄悄来到老孙头儿家。当他推开房门时，老孙头一见是他愣住了："大老张！你……"

"听说你病了，来看看你。"马尚德进了屋子，实在地坐在炕沿上，"我跟你们一样，也都是苦出身。"

老孙头儿点点头说："从你干活儿看出来了，是个苦出身。"

马尚德从衣兜里掏出了两块银圆放在炕上，对老孙头儿说："钱不多，留下看病吧！"

老孙头儿一把抓住马尚德的手，说："大老张，我观察你好多天了，觉着你这个人是有来头的，能不能跟我说说？"

马尚德笑了下，没有直接回答，而是说："工友们只要抱成团，拧成一股绳跟工头斗，就能取得胜利。"

老孙头儿问："那你是来……"

马尚德说："我是来给大家抱团儿的。"

老孙头儿默默地点头，嘟哝着："抱团儿，抱团儿啊……"

从这以后，工友们渐渐地愿意主动跟马尚德接近了。他们一起干活，一起唠家常，一起说笑话……"大老张"这个称呼也就叫开了，工友们也和大老张成了朋友。

在与工人们的接触中，马尚德感到了工人阶级身上积聚着无比的能量，如果团结起来，就能战胜敌人。于是，他日夜奔忙于矿工之中,教育他们认识苦难的根源是社会制度的黑暗;要想改变现状,就要团结起来进行斗争。

可是,马尚德正在为工人运动的开展而积极工作时,因为有叛徒告密,他又一次被捕。

这次被捕入狱与以往几次不同——是面对凶残而又狡猾奸诈的日本特务。

马尚德一被推进刑讯室,日本特务就对他进行了审讯:

特务问:"你叫什么名字?"

马尚德沉稳地回答:"张贯一。"

"什么职业?"

"工人。"

"胡说!"日本特务拍着桌子吼叫着,"你是共产党奸细!"

马尚德镇定地说:"在我们的国家里,你们日本人为非作歹,随意逮捕人,这是违反国际法的。说我是奸细,请你们把证据拿出来!"

气急败坏的日本特务挥起皮鞭,朝马尚德头上、身上乱抽,声嘶力竭地吼着:"你到底是什么人?说!"

"中国人!"马尚德斩钉截铁地回答。

日本特务气得哇哇叫,喊来两个日本宪兵,把已经满身是血的马尚德捆绑在长板凳上,往他鼻子里灌辣椒水。顿时,马尚德的肺里像有无数根钢针在乱扎,头像要炸开似的,肚子胀得随时都要爆炸一样……他咬牙忍着忍着,昏死过去。

一盆凉水把马尚德泼醒,日本特务接着对他进行审讯,翻来覆去还是那几句话。可不管怎么问,马尚德还是只回答一句话:"我是中国人。"

再也无计可施的日本特务对马尚德一阵拳打脚踢之后,又叫来十几个宪兵轮番拷打。一连折磨了马尚德五个昼夜,他们仍然一无所获。日本特务黔驴技穷了,只好把马尚德转交到了沈阳的中国法院。

在中国法院,马尚德仍然大义凛然。虽然他身受重伤,但仍然忍着剧痛在法庭上怒斥反动派与日本帝国主义勾结、出卖国家利益的丑恶行径。

中国法院找不到证据,可为了应付日本特务机关,只好判了马尚德一年半的徒刑。

无论在何种艰难的处境中,马尚德都表现出大无畏的革命英雄主义气概,充分表现出一个共产党人的坚强意志和坚定的信念。

第十四章
抱团儿打鬼子

要说马尚德改名，那还得从杨佐青说起。

杨佐青在中学时代就加入了中国共产党，后来在满洲省委负责军事工作；1932年被派到吉林，组建武装队伍，进行抗日斗争。后来，杨佐青在一次和日军的战斗中负伤，返回哈尔滨治疗。这时，接替杨佐青工作的是他在满洲省委的战友——马尚德。为了稳定军心和迷惑敌人，马尚德就借杨佐青的名字，改名为杨靖宇。靖者，安定也；宇者，天地也。合起来就是安定天地，引申来说就是打倒日本帝国主义，平定中华大地。

"九·一八"事变后，1932年春天磐石县哈马河子一带的农民举行了一场反对日本帝国主义的暴动。

在这支农民队伍的基础上,共产党组织了磐石、桦甸、伊通和双阳地区的工农义勇军,就是人们常说的磐石游击队。这支队伍很快发展到了一千多人,不久与海龙游击队汇合,队伍更壮大了。

杨靖宇根据党的指示对这支队伍进行整编和改编,起名为中国工农红军第三十二军南满游击队,下面分三个大队和一个教导队,党组织任命杨靖宇为南满游击队政委。

杨靖宇一方面注意部队的思想建设和组织建设,调动起部队的抗日积极性;另一方面率领部队积极主动地寻找机会打击敌人。五个月的时间里他就率领部队与敌作战三十多次,打退敌人的围攻,歼敌近千人,粉碎了鬼子的"讨伐",赢来了一个又一个胜利,人们都称这支队伍是"杨司令的队伍"。

1933 年 1 月,日本帝国主义把魔爪伸向我国华北,占领了河北秦皇岛市的山海关。在这一严重的形势下,党中央发出了《给满洲各级党部及全体党员的信》,对东北抗战形势进行了正确的分析,指出,为了最后取得抗日战争的胜利,收复日本帝国主义盘踞的东三省,必须将东北各方面的抗日力量组织和统一起来,建立反日统一战线。

在磐石一带还有两支自发的抗日队伍,一支是赵旅,另一支是马旅,共有二百余人。他们打日本侵略军,也袭击共产党的队伍,还跟杨靖宇的队伍交过火,打伤过我们两个战士。大家纷纷请战,要消灭这两股敢和共产党作对的武装。

杨靖宇沉着冷静地对待大家的情绪,分析这两支队伍与汉奸不同,他们不是卖国投降、死心塌地的汉奸,是可以争取的抗日力量。

没过两天,侦查员就跑来向杨靖宇报告,赵旅和马旅在黄家岗子被伪靖安军重兵包围,从早晨打到中午,突围了好几次都被靖安军强大的火力压了回去,伤亡较大,很有被伪军全歼的危险。

杨靖宇听后,当即决定前去增援。战士们一听不干了,说他们打过我们,怎么能去救他们。杨靖宇说服战士们不记前仇,要以抗日大局为重。伪军有上千人,而当时杨靖宇身边只有二十多人,力量悬殊,怎么办? 杨靖宇立刻把赤卫队、儿童团组织起来,聚集到一起能有五十人。

"立刻给赵旅、马旅送信,要他们坚持住,等到游击队前去增援时突围。"杨靖宇命令侦查员。

"是! "侦查员骑着快马转眼间消失在丛林里。

杨靖宇随后带队伍出发,很快赶到黄家岗子,悄悄摸到伪军背后的林子里,东打一枪,西放一枪,搞得伪军不知有多少队伍。

儿童团员们则点着炮仗,"噼噼啪啪"响作一团。

刚才还得意忘形的伪军,一下子惊慌失措了,听着到处是"枪响",不知来了多少队伍来抄他们的后路,便掉转枪口向后还击。

事先得到游击队前来增援消息的赵旅和马旅的首领听到伪

军背后的枪声,知道是杨靖宇的增援队伍到了,命令部下狠狠地打。敌人腹背受敌,惊惶失措,丢下几十具尸体狼狈逃窜。

赵马二旅转危为安后,赵马二旅长找到了杨靖宇。

赵旅长紧紧拉着杨靖宇的手,激动地对他说:"幸亏你们及时赶到,否则我们就全玩儿完了……"

马旅长也说:"过去对不起游击队的弟兄们,这一仗我算知道了谁是我真正的朋友了。往后,我姓马的再有二心,对不住杨司令,天打五雷轰!"

杨靖宇拍拍马旅长的肩膀说:"过去的事就别提了,日本鬼子才是我们共同的敌人。从今以后,你们只要把枪口对准日本鬼子,我们就是好朋友!"

赵旅长说:"啥也别说了,我跟定杨司令了。"

马旅长也发誓;"我听杨司令的。"

之后,经过杨靖宇反复耐心地做工作,南满游击队与赵旅、马旅,还有天虎山林队等抗日武装联合起来,成立了抗日联合军总司令部,杨靖宇被大家推举为政治委员。

队伍壮大了,南满游击队与敌作战好几十次,扩大了抗日游击区。杨靖宇他们狠狠地打击了敌人,广泛影响了群众,南满游击队威震四方。

第十五章
打棉衣

东北的冬季最大的特点就是极度寒冷。

大地被冻得龇牙咧嘴,树枝被冻得嗷嗷叫唤,家雀被冻得躲在屋檐下的窝里不敢出来,怕飞着飞着翅膀冻僵了掉下来。

黑瞎子(黑熊)躲进树洞,厚厚的皮毛抗拒着严寒的袭击。

狐狸也钻进了雪窝子里,松软的雪可以当做被子,盖在上边会暖和些。

庄稼人早已猫冬(不再劳作,待在屋子里不出来)了,守着火盆在炕头上喝着老红茶,抽着蛤蟆烟,只等待寒冬过去、春天到来。

可是如此严寒,没有能阻止鬼子对抗联的围剿。

另一方面,寒冷威胁着抗联战士们的生命。

日本关东军纠集伪军想要趁冬季寒冷之机,把抗联战士们困死在深山老林。

当杨靖宇带领抗联部队转战在深山密林里时,还没来得及穿上棉衣。

大雪铺天盖地,嗷嗷的北风卷着雪花,整个原野被白色笼罩。

战士们的单衣很快被北风吹透,都冻得抱着肩膀打哆嗦。

露天宿营,战士们挤在一起取暖,可第二天天亮一看,有好几个再也不能醒来——冻僵了。

没有棉衣怎么办?

看着被活活冻死的战士,杨靖宇急得嘴上起了一溜儿泡。

参谋长安慰杨靖宇:"急也不是法子,等等情报吧!"

杨靖宇在屋子中踱来踱去,焦急地说:"战士们没牺牲在跟鬼子的战斗中,却死在没有棉衣的情况下,我怎能不急。"

他把军需供给部长叫了来。

不等杨靖宇问,军需供给部长为难地说:"司令,敌人控制得很严,实在是没有办法,老百姓那里买不到布和棉花。"

杨靖宇反问:"老百姓那里没有办法,抗日联军就没办法了？"

军需供给部长一听，问："司令，哪里有棉衣？"

杨靖宇说："你问我，我问谁去？"

军需供给部长不作声儿了。

参谋长见局面搞得这样僵，便提议："关键是抓紧收集情报，盯住鬼子的军需物资动向。"

杨靖宇思考了一会儿，说："不妨变被动为主动。在没得到准确情报之前，我考虑是不是先打他一下子。"

参谋长问："打哪儿？"

杨靖宇把手掌拍在地图上，说："就这儿。"

"沙子沟？"参谋长眼睛一亮，"这里驻扎着鬼子一个中队、伪军一个团的兵力，还有一个日本开拓团。"

"敲他一下子，或许能弄到棉衣。"杨靖宇手指敲着地图说："开拓团武器装备差点儿，或许好打些。"

"打开拓团容易，可鬼子中队会马上包围过来的。"参谋长道出困难。

首长们正在分析谋划着如何打沙子沟，侦察连长突然在外面喊："报告！"

"进来！"

"报告首长,情报有了。"

杨靖宇看侦察连长一脸的高兴,故意问:"什么情报啊?"

"鬼子的军需物资来了。"侦察连长竖起一根手指,"一百辆汽车,一百辆啊!"

杨靖宇给侦察连长倒了杯水,递过去说:"先喝点儿水,喘口气,慢慢说。"

侦察连长喝了口水,说:"从日军那里得到情报,有一百多辆敌人运送军需物资的汽车明天要经过咱们这里。"

杨靖宇急忙问:"有棉衣吗?"

侦察连长美滋滋地说:"有。车上面有棉衣、白面和大米,送上门来了,咱们就去向敌人要棉衣吧!"

"好!太好了!"杨靖宇拳头重重地砸在桌子上。

参谋长问:"那沙子沟还打不打?"

杨靖宇说:"打呀!咋不打?"

参谋长问:"那伏击鬼子的军需车队……"

杨靖宇说,沙子沟要打,是给鬼子一个错觉——我们没有伏击军需物资的可能。沙子沟是佯攻,伏击鬼子运送军需物资的车辆是主攻。

被冻得早就受不了的战士们听说鬼子要"送"棉衣来了,一个个眉开眼笑,摩拳擦掌,又是擦枪,又是磨大刀,又是检查弹药,都铆足了劲。

天还没亮,杨靖宇就指挥战士们悄悄地进入了埋伏地点。

伏击地点是在 V 形峡谷两旁的山坡上,公路从沟底通过,是居高临下打伏击的好地形。

战士们怀着兴奋的心情埋伏在灌木丛中。

太阳从山头升起来了,虽然光线不是很强烈,但也洒下些许暖意。

9 点钟左右,敌人运送物资的汽车队终于在峡谷口露头了。

哈!鬼子汽车开来了,一辆接着一辆,像一条巨大的蜈蚣缓缓爬行。

"传令下去,没有我的命令不许开枪。"杨靖宇对参谋长说。

鬼子的车队进入了伏击圈,也就是说汽车队从峡谷的南头延伸到峡谷北头,103 辆汽车上装满了物资。

到时候啦!

"啪啪!"杨靖宇命令的枪声响了。

战士们早已按捺不住了,一齐向鬼子开火。

车上的鬼子在密集的弹雨里纷纷倒下。

军车司机慌了,有的急停,有的猛开,轰轰隆隆地相撞,乱作一团。

"冲啊——"

杨靖宇一纵身杀向山下。

战士们犹如天兵天将,顺着陡坡往下冲锋,把鬼子死死地压在谷底。

突然的袭击,把敌人打得晕头转向,死的死,伤的伤,好多鬼子做了俘虏。

战斗没用上半个小时就结束了。

战士们纷纷爬上汽车,笑呵呵地往下搬棉衣、白面、大米和罐头……哈哈!真是过年啦!

打扫完战场,参谋长问杨靖宇,那些汽车怎么处理。

杨靖宇叹着气说:"真的可惜了,炸掉吧!"

"轰隆!轰隆!轰隆……"

峡谷里响起一阵阵爆炸声,鬼子的汽车随着浓烟变成了一堆堆废铁。

军需供给部长早就动员了老百姓的大车,装上棉衣和粮食,朝游击队驻地进发。

真是一场漂亮的伏击战!

回到驻地后,军需供给部长给杨靖宇挑了一件大号的棉衣,说:"您试试,看这件合身不?"

杨靖宇把棉衣推了回去,说:"你呀,供给工作要眼睛往下看——棉衣全发给战士。我不站岗又不放哨。还有,包括干部的棉衣,给战士们发完再考虑。"

军需供给部长只好先给战士们发放棉衣,一个都不少。

战士们穿上厚厚的暖暖的棉衣,高兴得又蹦又跳,军营里一片欢腾。

有了棉衣,有了粮食,战士们的战斗力更强了,情绪也更加高涨。

第十六章
"皇军剿匪之花"的凋谢

杨靖宇的部队狠打了日军一个伏击，让日本鬼子气急败坏，恨之入骨。

集安县东岔警察所所长刘邦林是地下抗日小组副组长，有一天偷听到日伪警备道上的电话，日伪混成靖安军藤井部队长在电话里大发雷霆，暴跳如雷，大骂索旅长纯粹是个窝囊废。

索旅长名叫索玉山，属于满蒙军。这个人给溥仪当过禁卫团长，是日本人的忠实走狗。但是，他的部队中班长以上军官都是由日本人担任。

藤井命令索旅长，于十天之内消灭杨靖宇所率领的抗联，不然，提头来见。

"哈咿!哈咿!哈咿!"索旅长连连应允,丝毫不敢怠慢,立即把素有"皇军剿匪之花"的三十二团,从临江调到集安,并让县公署准备好一千五百人的给养,转天就向双岔河进发。

杨靖宇的抗联部队这时驻扎在大青沟,很快得到了刘邦林传来的情报。

为了证实情报的准确性,杨靖宇又派侦察连再探。

侦察连很快弄清了情报真实可靠——"皇军剿匪之花"有一千五百人,团长是日本——大胡子佐藤,教官是日本人大渠。他们已经把四连和五连合并一起,组建为先锋营。

先锋营的一百五十人,已经开拔,朝着双岔河而去。

"我们到行动的时候了。"杨靖宇对参谋长说,"把那部电话机带上。"

这是一部从青沟街地下关系那里弄到的背包电话机,可以随时接上电话线偷听或跟敌方通话。

第二天日头落山时分,杨靖宇估计敌人已经到达了双岔河,便派人摸到老岭长岗警备道上,悄悄地爬上电线杆,把话机挂到电话线上,接通了双岔河东大营的电话。

对方接电话的是个日本人。

抗联也有会说日本话的。杨靖宇让说一口流利日本话的郭参谋跟对方通话。

"你的,哪位?"

"我的,团部。"

"什么指令?"

"团部明天从榆树林子向双岔河开拔,命令先锋营到六道沟接应。"

"哈咿!"

敌人真听话,先锋营立即上路,急匆匆地朝六道沟进发。

其实,这是杨靖宇设下的"请君入瓮"之计,敌人还蒙在鼓里。

敌人的先锋营好不容易赶到了五道沟,一个个累得连呼哧带喘,坐在地上就不想起来了。

"找点儿水喝吧!"

士兵们张嘴喘着大气,喉咙直冒烟。

离六道沟不远有个小自然屯,也就是四五户人家。

先锋营营长小野看看四外没什么动静,便下令就地休息,让士兵到人家去找水喝。

士兵们撒丫子往屯子里跑。

可是过了好一会儿,只见士兵进去,怎么不见出来?小野纳闷了。

哈哈!进入屯子的士兵全让埋伏在那里的抗联战士给收拾了。

"见鬼了?"小野正望着屯子疑惑的当儿,杨靖宇指挥警卫旅一团冲了上去,把敌人的先锋营缴了械。

没费多大劲儿,很快就结束了战斗。

杨靖宇用手指点着被俘的小野说:"你们可真听话呀,连跑带颠的到了这里,就是给抗联送俘虏来啦!哈哈哈!"

得到先锋营被抗联全歼的消息,大胡子团长佐藤气得发了疯,拔出战刀一阵乱劈,把屋子里的茶杯、椅子什么的劈得乱七八糟,他一边劈一边嗷嗷嚎叫道:"马上,找到杨靖宇抗联的行踪,决一死战!"

于是,敌人派出探子,寻找杨靖宇所率的抗联主力。

探子终于探到了杨靖宇的部队在韭菜园子附近的马蹄沟。

佐藤大喜,当即就把部队调到韭菜园子,并即刻向藤井部队长报告。

"彻底消灭杨靖宇抗联的机会到了。"藤井部队长欣喜若狂,命令索旅长亲自带领大部队赶往韭菜园子。

这时候,驻扎在马蹄沟的抗联队伍是二师八团。他们得到情报之后就马上报告了杨靖宇。

杨靖宇总司令和参谋长带着警卫旅一团和机枪连,火速赶到了马蹄沟。

晚饭过后,杨靖宇吩咐着:挨家挨户通知老百姓,饭后都掌上灯,灯点得越亮越好;再找能拉会唱的,声儿越高越好。等听到远处传来马蹄声时,让老乡立即把灯和艾绳熄灭,越静越好。

布置完毕,杨靖宇叫上参谋长,说:"走,这里留给二师八团,咱们去截敌人的后路,掏它的窝去。"

韭菜园子的敌人兵营里,刚开完晚饭,大胡子团长佐藤命令蒙古骑兵二百多人紧急集合,夜袭马蹄沟。

这些由蒙古王府卫队改编的骑兵,在大渠教官率领下,朝马蹄沟奔驰而去。

他们老远就望见马蹄沟家家户户灯火通明,阵阵悠扬的琴声和嘹亮的歌声传来,这让大渠教官感到莫名其妙。他勒住了马,正要派人探个究竟,灯火忽然全灭了,琴声和歌声也戛然而止。

一片漆黑,异常寂静。

大渠觉得情况不妙,急忙调转马头,叫道:"不好!通通回撤!"

可是,没跑出多远,战马就被绊马索绊倒,他重重地摔下马去。后面的战马想冲过去,一棵棵横在路上的大树树干又挡在前面。

大渠一看不好,赶忙带着剩下的五十个骑兵落荒而逃。他身后扔下一百多骑兵,不是死就是伤,大多数被俘虏了。

大胡子团长佐藤带着步兵等在韭菜园子外边，直等着大渠得手就冲上去，围歼抗联。可是左等不见人影，右等不见音信，过了半个时辰，才望见七零八落的骑兵逃了回来。

"不好了！抗联把大渠给抓去了！"逃兵叫嚷着。

大胡子佐藤心一揪，赶忙领兵回击，可杨靖宇早已经带部队撤走了。

大胡子赶忙去追抗联，一直追到天亮，影儿都没见着，得到的是一封盖有东北抗日联军第一路军总司令部大印的信。

信是杨靖宇写给藤井的，只有一句话："在老爷岭上恭候阁下。"

藤井看后把信摔到索旅长脸上，怒气冲冲地回到了通化城。

索旅长把怒气撒到大胡子团长佐藤身上，说："限你三天，追剿杨靖宇。不然，我把你胡子一根根拔掉！"

"是！"佐藤不敢懈怠，重整队伍，当即开拔，直奔老爷岭。

杨靖宇率领军部和警卫旅一团四百多人，从韭菜园子撤走，向老爷岭下的根据地青沟子转移。

刚刚驻扎下来，侦察员就跑来报告："总司令，敌人随后跟上来了，明天到长岗一带扫荡。

侦察员还向杨靖宇报告说："敌人是'红袖头'的靖安军索旅三十二团，有机枪十七挺，马枪一百多支，步枪二百多支，手枪多少不清楚,骑兵四五十名。"

这时,杨靖宇已将部队布置在阵地上。

杨靖宇用望远镜观察了一小会儿,说:"主动权掌握在我们手里,把敌人全兜进我们的口袋里,放近了再打。"

这时, 石庙子那边的伪军稀稀拉拉地向杨靖宇设下的口袋进发。

敌人越来越近了。

这时,敌人行军的路上发生了混乱。

杨靖宇用望远镜一看,是敌人尖兵到了岔路口,不知向哪里进发,等候团长的命令。而后续部队一下子拥了上来,才闹得乱糟糟的。

好机会!

杨靖宇抽出手枪——

"砰!"

战斗打响了。

顿时枪声四起,过年放鞭炮一样响成一片。

一个个伪军被劈头盖脸的子弹打得晕头转向,胡乱奔跑,不知所措。

抗联阵地的机关枪突然向空中射击, 埋伏的战士们纵身跃起,端着明晃晃的刺刀,猛虎般地冲向敌群!

"杀呀! 杀呀!"山谷里杀声震天,久久回荡。

一个冲锋,就缴获机关枪十多挺、步枪二百多支以及匣子枪三十多支,还俘虏了许多敌人。

战士们正杀得起劲的当儿,突然,对面山头上的机枪"嘎嘎嘎嘎"地吼叫起来。

杨靖宇用望远镜一看,敌人什么时候把山头占领了? 便传令:"务必在天黑前夺回山头,撤出战斗。"

天渐渐黑了下来,敌人的三挺机枪火力很猛,封锁着攻山的道路。

参谋长组织了几次冲锋,都没能拿下山头。

在最后一次冲锋中,参谋长中弹牺牲了。

杨靖宇听到参谋长牺牲了,沉痛万分,牙齿咬得咯咯响:"参谋长你听着,我一定要用大胡子佐藤的人头来祭奠你!"

机枪连陈连长来请战,组建冲锋队,斩杀佐藤,为参谋长报仇。

杨靖宇批准了陈连长的请求,并亲自指挥机枪连,掩护他带冲锋队向山上强攻。

这边杨靖宇带领机枪连掩护,那边陈连长和一个战士从侧翼攻了上去,一通手榴弹轰炸,把敌人机枪阵地打哑巴了。

枪声停了,但大胡子团长佐藤也不见了。

战士们在乱石中搜寻着……

突然,迎面"叭"的一声枪响,子弹贴着一个战士的头皮擦过,血流了下来,模糊了眼睛。他用袖子抹了下,一个健步蹦过石头扑上去,抱住了那个开枪的人。

哈!脸上长着大胡子——是佐藤。

这家伙凭着自己人高马大,使劲挣扎着,把那个战士给甩了个跟头。

那个战士在被甩出去的一瞬间,趁机拔下了大胡子腰上的战刀。

佐藤抵着头扑向那个战士,寒光一闪,他的脑袋正中战士挥起的战刀——

"喀嚓!"一颗人头骨碌碌滚到地上。

"皇军剿匪之花"就这样凋谢了。

杨靖宇没忘藤井,给他送去一封信,上写:"藤井阁下,请您来收尸吧!"

藤井部队长捏着信,暴跳如雷,立刻派飞机侦察杨靖宇抗联的行踪。

杨靖宇早已经带着战士们钻进了深山老林。

第十七章
铲除铁杆大汉奸

为了消灭杨靖宇，日伪军队聚集了约一万多人，向独立师所在的磐石县红石砬子游击队根据地进行围攻。

为了坚持斗争，打击日寇，杨靖宇率领师部及下属的第三团开始向桦甸、辉南、柳河以及通化等地进发，到那里继续开展游击战争。

这个地区是伪军邵本良的管区。

铁杆大汉奸邵本良这个人其实本来就不善良，他是一个有二十多年匪龄的老胡子头，还当过东北军的团长。"九·一八"事业以后，他摇身一变又成了伪军的团长。

日本人来了，发现了他这个"人才"，于是他又成了东边道的少将"剿匪"司令。

杨靖宇在担任东北人民革命军独立第一师师长兼政委后，第一个死对头就是邵本良。

这家伙不但枪法准，还诡计多端。他听说杨靖宇率游击队来到他这里，傲慢地对日本指挥官说："就算他杨靖宇有三头六臂，也要叫他尝尝我姓邵的厉害！"

杨靖宇对邵本良没有轻视，而是进行了仔细的研究，最后决定采取声东击西的战术打他一个措手不及。

于是，杨靖宇首先绕过敌人重兵驻守的凉水河子，一举攻克了柳河县三源浦。

邵本良闻讯后刚要动身赶往凉水河子，探子跑来报告："司令，不好了！"

"啥不好了，慢慢说。"邵本良毫不惊慌。

探子说："柳河一个中队的弟兄被杨靖宇全给报销了！"

三源浦地处交通要道，邵本良这才恍然大悟，自己中了杨靖宇的调虎离山计了。可他还是稳住神，立刻聚集人马，马鞭一挥，直奔柳河企图围歼杨靖宇。

打游击就是在游动中打击敌人。杨靖宇不固守一城一镇，打下柳河后马上转移，在运动中消灭敌人的有生力量。邵本良率领部队跟着杨靖宇转圈,被拖得筋疲力尽。

一连几天,即使邵本良穷追不舍,可还是看不到杨靖宇部队的影儿,他的部队被拖得狼狈不堪,士兵摔倒在地上就不想往起爬。

邵本良的脑袋也不是木头做的,诡着呢! 他一琢磨,这样下去非把部队拖垮不可。他眼珠一转,诡计来了——他一方面向日本主子求援,日军立刻派出两千多人支援邵本良部;再一方面改变原来死追死打的战术,使出计谋诱惑杨靖宇。

阳光从树枝的缝隙洒下来,新的一天开始了。

杨靖宇正在窝棚里琢磨着从哪个方向突围,突然一声"报告"打断了他的思绪。

一个战士带来一个邵本良的传令兵——刚刚抓到的。

杨靖宇打量一下那个传令兵,问:"在哪儿捉的? "

战士回答:"村头。"答着,递上一封从传令兵身上搜出来的信。

杨靖宇打开看着……这是一封邵本良给一个营长的手令,说杨靖宇可能会从这个营的防地突围,要防守好阵地,他正在调动东边兵力来支援这个营。

杨靖宇思索了一会儿,把信给身边的参谋长,说:"你看看,这封信里有名堂! "

参谋长看着说:"会不会要我们上他的圈套? "

杨靖宇说:"这是邵本良给咱送来的假情报。邵本良在信中说的兵力弱的地方和东边都是敌人重兵把守的地方。"这小子,也跟我玩儿调虎离山之计。哼!狐狸再狡猾也斗不过好猎手。"

杨靖宇想着,决定将计就计,按照敌人情报中相反的意思,对"重兵把守"的地方进行突围,很快冲出一个口子,顺利突围成功。

第二天,杨靖宇又趁敌人毫无准备之机,袭击了敌军的重要据点凉水河子。这次战斗,解决了整个冬天的军需物资。

遭到沉重打击的邵本良瘫倒在椅子上,咬牙切齿地念叨着:"杨靖宇,这次我栽到你手里了,明天定叫你死无葬身之地……"

打完凉水河子,杨靖宇就派人四处放风说要攻打柳河县的柞木台子。这里也是邵本良把守的又一个重要据点。

连吃败仗的邵本良一听杨靖宇要打柞木台子,神经一下子绷紧了,立即派部队向柞木台子进发,防备杨靖宇的突然袭击。

他哪里知道,这是杨靖宇为了蒙骗敌人而采取的计谋,实际上他已经率领部队马不停蹄地南下了,连夜包围了临江的咽喉要道八道江镇。

杨靖宇率部经过一场短暂的激战,迅速地夺下了这个重镇。

邵本良闻讯赶到柞木台子,可连杨靖宇的影儿都没看到,他气得哇哇怪叫,差点儿吐血。

短短时间里,邵本良一连丢了好几个镇,他被日本指挥官骂得狗血喷头。这家伙是王八蹲灶坑——憋气又窝火。

冬天到了,这一年的东北天气格外寒冷,狂风卷着雪花向抗日联军第一军的指战员扑来。

然而,抗日将士们团结一心,不断出击,奋勇杀敌,多次击溃日伪军,缴获大量的枪支、弹药和军需物资,攻占了 16 个城镇,彻底粉碎了日伪军的"大讨伐"。

不久,杨靖宇又得到情报,邵本良要将大量军需物资从孤山子运往八道江。于是,杨靖宇决定在运输队伍必经的旱葱沟设下埋伏。

邵本良的部队进入了伏击圈,杨靖宇下令:"打!"一时间,步枪、机枪和小钢炮一齐射击,敌人纷纷倒下。

经过一场激战,杨靖宇的部队截获了邵本良的部队运送的四十大车的军需品,还搂草打兔子——捎带着俘虏了邵本良的小老婆。

这次伏击战使杨靖宇的队伍得到了补充,战斗力得到了很大的提升。

从 1933 年秋到 1935 年秋的两年时间里,邵本良在与杨靖宇的几个回合较量中都遭到惨败,真是又气又恼,对杨靖宇恨得咬牙切齿,但又无可奈何,只好又去向日本主子求援。

于是，日本关东军调来了第十师团奉天教导团，由日本三木司令指挥，与邵本良的军队相互配合，妄图共同消灭抗日队伍。

1936年，经过改编的东北抗日联军第一军在杨靖宇的率领下，日夜兼程，急行军好几千里，来到辽宁本溪附近的赛马集一带活动。杨靖宇和全军领导研究决定，必须铲除邵本良这个铁杆儿汉奸。

经过周密安排，杨靖宇把攻打邵本良部队的地点选择在梨树甸子的沟口。

第一军的将士们到沟口的山坡上埋伏好后，邵本良和日本军事顾问英俊志雄便率领队伍赶来了。他们做梦也想不到杨靖宇的部队早已埋伏在周围了。

当敌伪部队走进沟口的时候，杨靖宇命令的枪声响了——

"啪！"

第一军将士们突然从两侧向日伪军猛烈地扫射，喊声跌宕、杀声四起。

邵本良和英俊志雄慌忙命令部队应战，但由于第一军的火力太猛，无济于事。

经过整整一个上午的激战，日伪军一千多人被全歼。

邵本良的脚部受了伤，带着几个卫兵逃跑了；英俊志雄趁乱躲在死人堆里，在自己的脸上和身上抹上了污血装死，才得以逃脱。

惨败后的邵本良就像一条疯狗,心里充满了复仇的火焰。

这天,他又和英俊志雄带着武器、军饷从通化向热河进军,准备与抗日军队长期作战。

杨靖宇听到这个消息后,决定在四道口村外的大弯子设下埋伏。

当日伪军队从这里经过时,发现了路边的黄瓜地,看到藤架上挂满了诱人的黄瓜,又累又渴的日伪军士兵不顾一切地扑向黄瓜地抢摘黄瓜。抗联战士一部分人马正好就埋伏在黄瓜地里,见到敌人毫无防备,就突然向敌人开枪射击,日伪军士兵还没等反应过来是怎么回事,就纷纷见阎王去了。没多大工夫,日伪军队就溃不成军了。

邵本良听到枪声,感到自己必输无疑,拔腿就逃;英俊志雄故伎重演,又躺在尸体堆里装死,可第一军将士不再上当了,认真地检查每一具尸体……英俊志雄一看蒙混不过去了,突然跳起来举起大刀朝战士们砍去……

"砰砰!"

战士一齐向他射击,英俊志雄倒在弹雨中。

战士们从英俊志雄的衣兜里掏出他的名片,才知道这就是横行南满的日本军事顾问英俊志雄。

邵本良又一次遭到惨败之后,一听到杨靖宇的名字就胆战心惊,可还偏要与杨靖宇拼死一搏。这不,他又率队寻找东北抗日联军第一路军决战,可当他刚走进哈尼河的沟膛子里,就被杨靖宇率领的部队包围了,几乎全军覆没。

邵本良本人身负重伤,逃跑后陷入了绝望,绝望把他"掐"死了……

第十八章
倒着的脚印

10月,关内还是秋高气爽的时节,可关外的长白山原始森林里已是白雪皑皑,茫茫一片了,只有松树的针叶露出黑绿。

积雪挂满了松枝,害得小松鼠只好用前爪扒开厚厚的雪寻找松塔。

松鸡在雪地上寻找不到食物,也飞到树上,啄食松子。

一只盘旋在半空的鹰发现了松鸡,在上方扇动着宽大的翅膀悬停,然后突然猛地俯冲下来,吓得松鸡嘎嘎叫着逃跑。

一支衣衫褴褛的部队在雪原里跋涉着……

没膝的大雪让他们行进十分艰难,每走一步都要付出很大的力气,况且他们已经没有什么力气了。

这支队伍就是抗联一路军。

在日寇绝对优势兵力的进攻下，杨靖宇的抗联一路军被鬼子打散了，跟抗联其他部队失去了联系。

现在杨靖宇也不知道关东军有多少部队正在围剿他们，但从四周传来的枪声判断，一路军已经被敌人团团包围在原始森林里。

杨靖宇打量一下战士们身上的粮袋，问："还有多少粮食？"

很多战士不用去摸粮袋，回答："没了。"

一位战士说："我的还够半顿。"

杨靖宇说："同志们，把粮食集中到一起。"

战士们没问干什么，纷纷把仅有的粮食倒进了一个口袋……都倒完了，也没有二三十斤。这对于好几百人的部队来说，还不够塞牙缝的。

参谋长走到杨靖宇跟前说："我们得想法弄到粮食，要不，不用鬼子打，战士们不是冻死，就是饿死。"

"是个关键问题呀！"杨靖宇思忖着，"怎么也得想法儿钻出鬼子的包围圈，到山下弄些粮食。战士们吃不饱，咋打鬼子啊！"

参谋长说："目前解决填饱肚子问题的唯一办法就是自己找吃的了。"

杨靖宇说："好!老天爷饿不死瞎家雀。"

大雪覆盖原野,覆盖森林,覆盖群山,就连鸟儿和小动物觅食都很困难,别说人了。

"学学松鼠⋯⋯"杨靖宇指指松树上的小松鼠说,"松塔可是很香的啊!"

说是这么说,可谁能爬上树梢去摘松塔?

没有力气爬上去不说,即使爬上去了,被冻得很脆的松枝折断,掉下来不摔个半死才怪。

摘松塔别寻思了,那是人家松鼠和松鸡的食物。

别看严寒把大地冻得邦邦硬,可雪下的土还是软乎的,扒开,里面会露出绿草。

"没别的办法了," 杨靖宇扒开厚厚的雪说,"我们就土里刨食吧!"

于是,战士们学着他的样子,扒开积雪,挖出草根,放在嘴里嚼着⋯⋯

草根太小太少了,战士们开始寻找能吃的树皮充饥。

"先让我尝尝,你们再吃。"杨靖宇先剥下一块榆树皮,放在嘴里嚼嚼,黏糊得像粉条,好吃。

于是,战士们找到榆树,剥下树皮,吃得艰艰难难,但也吃得很香。

杨靖宇再剥下山枣树皮，先尝了尝，说："山枣树皮也不错呀!"

于是,战士们一边剥树皮填饱肚子,一边往山下摸索前进。

这天傍晚,部队接近了山脚下。

一个村子就在五里路光景的前面,可以看到微弱的灯光。

参谋长打开地图,借着积雪反射的光查看,查到后他说:"这个村子是棒槌沟。"

棒槌是人参的俗称,说明这里是出产人参的地方。

杨靖宇说:"先派两个人探探。"

参谋长便命令两个战士潜入村子探清情况。

谁能料到,没等那两个战士回来,部队身后就响起了枪声。

"啪!"

枪声撕裂了傍晚的寂静,杨靖宇心猛地一抖,低声叫道:"鬼子上来了。"

"后面的掩护,大部队立即撤离!"参谋长发出命令。

由于天色越来越黑,鬼子追了一阵子,没有追上抗联部队。

部队在一个山坳里停下来。

杨靖宇问:"那两个战士回来没有？"

"回来啦!"

听到回答,杨靖宇发现那两个战士已经站在他眼前,而且每人还背着一口袋东西。

"这是什么?"杨靖宇问。

"土豆。"

"老乡给的。"

"听说我们是杨靖宇的抗联队伍,说啥也让我俩背上。"

"我给老乡留下了欠条。"

两个战士你一句我一句地说着。

"好样的!"杨靖宇拍拍战士的肩头,"背这么沉的土豆还追上了队伍,真是好样的!"

参谋长看着土豆,说:"把土豆熬成粥,让战士们填饱肚子,还能暖和暖和。"

"这办法好。"杨靖宇朝四周望望,目光定在一个山洞处,"到山洞里生火,鬼子就发现不了了。"

很快,土豆粥熬好了,战士们每人盛了一小碗,喝得好香,比过年吃饺子还香。

杨靖宇边喝着土豆粥边对参谋长说:"我们行军没出什么动静,鬼子咋就跟上来了呢?"

参谋长望着部队在雪地上留下的脚印说:"会不会是脚印?"

杨靖宇肯定地说:"是脚印暴露了我们的行踪。"

参谋长说:"雪地上留下的脚印擦不掉、抹不去,敌人码着我们的脚印尾随过来,紧追不舍。可怎么才能甩掉跟在屁股后头的敌人呢?"

杨靖宇看着部队留下的脚印沉思着,琢磨着……忽然脑子里闪出一个好招儿——他命令战士们从几路纵队变成单路纵队,后边的战士踏着前面战士的脚印前进。

棒槌沟是不能去了,部队便改道向老雄岭进发。

按照杨靖宇的办法,战士们走路特别注意,踩着前边人的脚印走。

于是,战士们把握着身体平衡,踏着前边的脚印前进。

原来踏在雪地上七零八散的脚印变成了一行,也就是说一个人的脚印。

不能总是这样走啊!

行军速度太慢了。

大约走出了有五里路,杨靖宇下令:"停止前进!"

部队马上恢复了原来的队列。

"到路旁树林里埋伏。"杨靖宇又下了命令。

于是,战士们在小路两边的树林里埋伏起来。

参谋长试探地问:"鬼子会追上来吗？"

杨靖宇说:"鬼子是不会放过我们的。"

部队埋伏好了，战士们趴在雪地里静静等待着追击的敌人到来。

大约等了有20分钟,只见鬼子的膏药旗从路口摇晃着出来了。

敌人真的顺着脚印追来了。

可是追在前面的鬼子停下了脚步——发现抗联大部队的脚印没了。

细看,怎么变成一个人的了？

这支部队的鬼子少佐熊二用指挥刀指着脚印,疑惑地喊着:"抗联的脚印没了？"

另一个鬼子几乎趴在雪地上看,说:"难道飞上天了不成？"

正在鬼子琢磨脚印的当儿,杨靖宇的手枪响了——

"啪啪!"

这是发起攻击的信号。

埋伏在树林两边的抗联一路军的战士们立刻向敌军发起攻击,子弹雨点般射去,前边的鬼子刷地倒下一大片。

遭到突然袭击的鬼子兵顿时大乱,他们只听见枪声,看不到抗联藏在什么地方，只好胡乱地射击。

天黑让鬼子不敢恋战，他们扔下二十几具尸体，朝棒槌沟退去。

杨靖宇用一个人的脚印代替大队人马的脚印的办法骗过了敌人，使部队获得了伏击战的胜利，他越发觉得这招儿挺管用。

接下来还要跟鬼子玩儿脚印战术。

趁熊二的部队在棒槌沟驻扎的空隙，杨靖宇带领队伍来到老熊岭，在老百姓家暖暖呼呼地住了一宿。

老百姓虽然也没有多少粮食，可还是凑了些让战士们饱饱地吃了一顿，还给每个战士带了点儿炒苞米花和苞米面。

第二天一早，为了不给老百姓带来鬼子报复的灾难，抗联撤出了村子。

"朝三道梁子进发，寻找离散的队伍。"杨靖宇作出决定。

于是，吃饱睡足的战士们精神饱满地出发了。

"到前边山头上查看一下敌情。"参谋长吩咐侦察连长。

"是!"

侦察连长带着两个战士很快爬上了前面的山头。

"啊!"

鬼子又跟上来了!

在距离抗联队伍五六里处，日伪军部队尾随追上来了，在白雪上如蠕动的黑蚂蚁。

杨靖宇命令战士们急行军，可怎么也甩不掉"尾巴"。

怎么办呢？

杨靖宇看着脚尖朝前的脚印琢磨起来……哦！有办法了。他要战士们把鞋倒着捆在自己脚上，继续前进。

部队是前进了，可留下的脚印是"后退"。

追上来的敌人发现了脚印，又是一阵穷追，可一直追进了森林也不见抗联一路军的影子。

鬼子少佐熊二无奈地摇着头，叹息着："杨靖宇又飞了不成？"

第十九章
活擒"活阎王"

杨靖宇带着队伍来到三道梁子,还没进村子,老百姓见了就跑。

怎么回事?

老百姓见抗联都是欢迎的呀!

"派两个战士穿上老百姓的衣裳,到村子里探探。"参谋长征求杨靖宇的意见。

"部队在村外隐蔽,等侦察清楚情况再定夺。"杨靖宇说,"让侦察连长带战士去吧!"

侦察连长回来了,向杨靖宇报告:"情况弄清楚了,是胡子(东北地区土匪的俗称)搞的鬼。"

原来,自从"九一八"事变以后,许多土匪假借抗日的名义,抢劫骚扰百姓,弄得人心惶惶。

都打着"抗日"的旗帜,是真抗日还是假抗日,老百姓很难分辨。

杨靖宇思考了好半天,才说:"进村吧!找墙根儿背风的地方露营。"

抗联队伍悄悄进了村,一点儿动静都没有。

村里有一个老胡太太,半夜起来上茅房,听到了点儿动静,害怕来的又是土匪,回屋把两个儿子藏了起来。

老胡太太把儿子藏好后,耳朵贴着窗户听了一会儿,村里再没有什么动静,就放心地睡了。

"哏!哏!哏——"

天亮了,大公鸡跳上墙头抻着脖子鸣叫。

老胡太太轻轻打开一道门缝,朝外一看,大吃了一惊。

"啊!"

门外啥时候睡了这么多兵啊!

这些兵顺着墙根有的盖着破毯子,有的盖着狗皮,都把苞米杆子盖在身上,抱着枪还在睡着。哈气在他们的皮帽子上结满了霜;胡须也结满了霜,一个个就像白胡子老头。

老胡太太没见过这样的兵,大冬天的也不叫门,就这样在外边过夜。她再打量打量这些兵,一个个穿的衣服十分破旧,莫非这就是杨靖宇的队伍？

老胡太太走出门，轻轻地来到哨兵跟前，问："你们是杨靖宇抗联的兵吗？"

哨兵搓了搓冻僵的双手，哈了哈气，告诉老胡太太："大娘，我们是杨靖宇的兵，是专门打小日本的队伍。"

老胡太太问："那咋不进屋啊？"

哨兵说："怕打搅你们。"

老胡太太听了，转身冲着当街喊起来："快出来吧！杨靖宇的队伍来啦！"

乡亲们听到喊声，先把门欠开一道缝儿，往外瞅瞅，接着全都打开了门，跑出院子。

不大一会儿，乡亲们热情地把抗联战士们拉到屋里，又是端来开水，又是烧火做饭，别提多亲热了。

老胡太太把杨靖宇请进屋里，让他盘腿坐上炕头，好好暖乎暖乎。

杨靖宇连连说"不冷，不冷"。

老胡太太说："咋不冷，都快冻成冰棍了。"

杨靖宇坐在热炕头上，不大一会儿就暖和过来了。

老胡太太把两个儿子叫出来，说："这就是你们常念叨的杨靖宇,抗联杨司令。"

两个儿子站在那里发憷,不知说啥好。

老胡太太拉住杨靖宇的手说:"杨司令,你看我这俩儿子咋样?"

杨靖宇看着身材魁梧的俩棒小伙子,说:"好啊!大娘你真有福气。"

老胡太太松开杨靖宇的手,把俩儿子向前推了把说:"那就让我的两个儿子跟你去打日本吧!"

杨靖宇笑着说:"大娘你都这么大岁数了,两个儿子都走了谁来照顾你?"

老胡太太摆着手说:"不要紧! 不要紧的。你看我耳不聋、眼不花,啥都干得了。"

杨靖宇说:"那也得留下一个呀!"

老胡太太说:"都让他们去打日本吧!不把日本鬼子撵走,也过不上安生日子不是!"

杨靖宇赶忙下地,给老胡太太郑重地敬了个军礼,说:"我代表抗日联军谢谢大娘您了!"

"使不得,这可使不得。"老胡太太慌忙给杨靖宇哈腰。

"我收下您两个儿子了。"杨靖宇拍拍这个,再拍拍那个,说,"我又多了两个打鬼子的好战士。"

老胡太太转身叮嘱俩儿子："可得跟杨司令好好干，不把鬼子打跑就别回家。"

俩儿子憨憨地应着："嗯哪!嗯哪!"

这时，参谋长跑进来，气喘吁吁地说："司令，你去看看吧!太惨了……"

杨靖宇随着参谋长来到一家大院。

在农村，有大院的一般都是富户人家，不是地主也是富农，最差的也得是中农。

杨靖宇进了院子，四周观察着，有马圈，也有仓房，还有一溜西下屋。

"可能是个地主。"他在心里揣摩着。

那时候在东北，是不是地主不能光看有多少房子多少地，而要看有没有人给他家扛大活，有没有剥削穷人。

这家姓林，是三道梁子的大户。

他家人多，光儿子就五个，还有三个丫头。还有叔叔辈的哥们四个，祖孙三代一共二十来口人。为此，地里的活儿用不着雇人，从春到秋都是自己干。

老林头见杨靖宇来了，眼泪扑扑啦啦掉了下来，刚说了声"你们可来了……"就泣不成声了。

杨靖宇问:"怎么了?快别哭,别哭。"

这么一劝,老林头反倒"哇"地大声哭起来。

杨靖宇把老林头扶坐在炕沿上,问:"究竟发生了什么事?"

老林头狠狠地擦了擦眼睛,牙齿咬得咯咯响,说:"那个活阎王把我仨丫头、俩儿子都给杀了……"

"冲啥?"杨靖宇双目圆睁,怒不可遏。

"跟我来……"老林头把杨靖宇拉到屋外,哭得一个劲儿倒气,两手哆哆嗦嗦地从柴火堆里抱出五颗血淋淋的人头。

"啊!"杨靖宇倒吸一口凉气,"这是怎么回事?谁干的?"

老林头抽泣着跟杨靖宇诉说起半个月前发生的惨案——

"在三道梁子这一带有个叫'活阎王'的胡子,他自己立了旗号'抗日义勇军',以打鬼子为名,动不动就到村子里来征这抢那,还糟蹋女人。"

"前天,'活阎王'还找来帮狗吃食的皇协军,进了我家又收税,又派兵饷的,霸道透顶了。我大儿子气不过,就说了一句'没钱',就被'活阎王'砍了头,还吊在村头老榆树杈上。二儿子见哥哥被杀,红眼了,操起二齿钩就要拼命,结果二齿钩还没刨下去,就被'活阎王'一刀砍掉了脑袋……"

"这个遭雷劈的,杀了我俩儿子不说,还把我仨丫头从别的屋子拽到他待的屋里,糟蹋了一宿不说,第二天也给砍了头……"

杨靖宇听老林头哭诉着,混身的血翻腾着、滚动着、沸腾着……他气得拔出手枪,冲天空就是连发——

"砰砰砰砰!"

接下来,院子又是死静死静的。

"老人家,我们抗联一定替您讨还这笔血债!"杨靖宇放回手枪,对老林头说,"让这个'活阎王'过不了明天。"

老林头和家人齐刷刷跪下,给杨靖宇磕头。

杨靖宇忙把他们扶起,说:"血债血还,'活阎王'他跑不了。"

由于怕暴露大部队目标,抗联队伍白天不能行动,只能等到夜晚。杨靖宇命令下去,除了岗哨外,其他战士都守在老百姓家里,不许出屋,就连拉屎撒尿都在屋子里。

一整天时间,没什么异常。

杨靖宇和参谋长早已合计好除掉"活阎王"的行动方案。

"活阎王"共有五十多人,长枪三十枝,轻机枪一挺。除了大炮手、二炮手、三炮手枪法有些准头外,其他的都是随帮唱影,跟着起哄的喽啰。

要打"活阎王",关键是把几个炮手治住。

参谋长把治住炮手们的任务交给了侦察连长和他手下枪法

和武功都很棒的战士,他自己负责对付"活阎王"。

"活阎王"盘踞在三道梁子镇的大车店,那儿的围墙有两人多高,大门是用檩子粗细的木头做成,很牢固,如果硬攻是不容易拿下的。

"活阎王"有五十多人,带多少抗联战士去呢?

因为确定为"偷袭",杨靖宇便决定带30名战士。

兵不在多,而在于精。参加这次行动的,参谋长挑选的当然都是抗联队伍里的高手。

吃过晚饭,天黑下来了,杨靖宇亲自带着30名战士悄悄出了村子。

参谋长劝他不要去,可他按捺不住激愤,非去不可,怎能拦得住。

三道梁子镇不太远,五六里地只需半个钟头就到了。

摸到大车店围墙下,用不着梯子,战士们搭了人梯就翻了过去。

20名战士进入大车店,另外10名战士在外边接应。

一切都很顺利,战士们跳进围墙后没有遇到哨兵。

怪了? 怎么会没有哨兵站岗?

胡子鬼精鬼灵的能这么疏忽吗?

不管怎样,杨靖宇低声告诫大家要格外小心,当心有埋伏。

这话让杨靖宇说中了,"活阎王"真的有埋伏。

其实,当战士们翻越围墙时,早就被墙外的暗哨盯上了。

胡子为什么没有动手?

"活阎王"早就吩咐下去了,要活捉杨靖宇,听不到枪响不能动手。

结果是"活阎王"他想稳拿反倒耽误了事儿。

跳下围墙后,杨靖宇让战士们贴着墙根不要行动,他却带着武功和枪法极好的二虎和大魁先向大车店东头一座平房摸去。

来到窗户下,杨靖宇用舌尖把窗户纸舔了一个小洞,往里一瞅,"活阎王"正躺在炕上抽大烟呢!身边还有一个女人给挑烟泡。

杨靖宇猛地一脚踹开房门,一纵身冲进了屋。

"活阎王"一愣神,忙去枕头下摸枪。

杨靖宇手疾眼快,上去一脚踩住了他的枪,又把大烟盘子扣到了活阎王脸上,同时枪口已经抵在了他的太阳穴上。

那个女人"嗷"地惊叫一声,吓晕过去了。

"嘿嘿!""活阎王"冷笑着,"怕是你杨靖宇进得来出不去吧!"

杨靖宇也冷笑一声,说:"出去不出去你说了不算。"

"活阎王"哼哼两声,说:"那就等着瞧吧!"

杨靖宇说:"不用瞧。"

"来人!""活阎王"猛地吼了一声。

人来了。

但不是胡子。

两个抗联战士从门口跳进来,两个黑洞洞的枪口对准了"活阎王"。

"他的炮手们都解决了。"一个战士向杨靖宇报告。

"活阎王"一听就泄了气,瘫在炕上。

"把他捆起来!"杨靖宇命令道。

"活阎王"被结结实实绑了起来。

杨靖宇命令"活阎王":"让你的手下缴枪投降,不然一枪毙了你!"

"好!好吧!""活阎王"只好命令部下缴枪投降。

抗联部队没放一枪就活捉了"活阎王",并缴获了三十多支长枪,还有那挺轻机关枪。

"砰!"

杨靖宇下令将"活阎王"枪毙了。

老林头高兴地燃放起鞭炮,冲乡亲们高呼:"抗联替我儿子和闺女报仇啦! 报仇啦!报仇啦!"

第二十章
鬼子"骑冰"

有一次下大雪，大雪下了两天两夜才停，足有二尺深的雪把漫山遍野盖得严严实实。房屋变白了，树木变白了，山岭变白了，满世界洁白一片。

雪停了，太阳跟着就钻了出来，阳光照在雪地上，雪地反射出根根银针般的光线，在半空中乱飞乱舞，刺得人眼睛疼。

天气平静了没多久，飕飕的小北风就刮过来。小北风贼冷贼冷，刮在脸上就如刀片拉肉皮似的疼。细细的柳树毛子在风中打着尖厉的口哨；浮雪裹着枯树叶子、柔软的茅茅莛草、球形的扎麻窠，在雪地上赛跑一般滚动着。

灰色的成群的雪雀叽叽喳喳地在天空中飞来飞去，寻找着能觅食的空地儿。

一只草黄色的野兔被一只狐狸追撵着，在雪窝子里一蹿一蹿地逃着命。

两条狼沿着壕塄子一颠一颠地小跑着，也许是群狼的尖兵。

"嗷呜——"一声沉闷的虎吼顺风传来，那两只狼怔了怔，突然狂奔起来，不大会儿就消失在茫茫的雪野里。

这是东北所说的那种嘎巴嘎巴冷的"哑巴冷"天，滴水成冰不说，就是在外头撒尿都得拿个小木棍拨拉，要不尿就冻成冰棍了。这说法是夸张了点儿，但大河的冰层冻得嘎嘣嘎嘣断裂、石头碾盘一冻两半、大牲口咕咚咕咚冻倒……这倒是真的。为此，东北人这时就开始猫冬了，一家人坐在大炕上，守着火盆，火盆里烧着榛子、花生、苞米花，一边吃一边唠着家常。

自打下雪，杨靖宇就布置抗日联军各小队的战士们，谁也不许猫在屋子里，全到外头雪地里摸爬滚打，比试着看谁最禁冻。

抗联的少年铁血队里都是十五六、十六七的小爷们儿，大多是爹妈叫鬼子杀害的孤儿，或者是无家可归的小叫花子。他们原来只是寻思着杀几个鬼子给爹妈报仇，可自打参加了抗联，在杨靖宇教导下就改变了"只为爹妈报仇"的想法，发誓要为全东北的父老乡亲报仇，把小日本赶出中国去。

这样冻到第四天，抗联情报交通员温老头从城里送来情报，说日本鬼子石原大佐带领四百多鬼子出发了，由汉奸队大队长蛤蟆眼带路，直奔抗联驻地而来。

杨靖宇拍了下腰间的盒子枪,说:"好!来得好!我看他们是来送死来了!"

"按计划行动吧!"参谋长布置道,"一小队、二小队、侦察队,马上集合!"

抗联队伍立马集合妥了,战士们穿戴整齐、排列整齐、枪炮整齐地站在雪地上。

杨靖宇站在队伍前面,注视了大伙儿一阵,说:"弟兄们,小鬼子就要来围剿咱们抗联了,我们该怎么对付他们呢?"

"打!"大家齐声呐喊。

"不,不!我们不是跟他开壳(开火),而是跑,往山里头跑。"

"跑?"

"对!这回可要看大伙儿的腿上功夫了。不让鬼子撵上,我们就算赢!参谋长你说呢?"

参谋长接过话茬说:"我们用山里的地形把鬼子绕蒙了,抓机会就敲他一家伙!"

杨靖宇把手中的枪一挥,命令道:"出发!"

这回,抗联穿着从鬼子那里缴获的军装和军皮鞋,戴着日军的帽子、手闷子,浑身暖暖呼呼的。为了隐蔽,战士们每人披了一条白被单,队伍刚出了村子就与茫茫的雪原融在一起了。

石原少佐率领的"搜山清剿队"有一百多骑兵、四门小炮、六挺机关枪,总共有四百多个鬼子和三十多名警察。

他们出城不到一天，就很快摸到了抗联的行踪，队伍在进山的路口处停下来。

石原指着进山的路问蛤蟆眼："前面，什么地方的干活？"

蛤蟆眼赶忙回答："太君，前面是……是扁担山。"

"开路！"石原望着向山中延伸的杂乱脚印，手一挥，鬼子又开始前进了。

抗联先往扁担山撤，这是杨靖宇和参谋长谋划好的计策。

因为在进入扁担山四五里处有一条沟叫镰刀把沟。这条沟上头有几个泉眼，夏天泉眼流着清清凌凌的泉水，可到了冬天从泉眼流出的水就冻成了冰，在沟底形成一条一百多米长、五十多米宽的大冰板，雪覆盖着冰板，人不留神走上去准摔跟头。

杨靖宇命令几个战士小心地从冰板中间轻轻走过去，留下来脚印。别的战士从冰板两边过去，边走边用松树枝子把脚印扫掉。然后，机枪手埋伏在扁担沟的沟坡上，等待鬼子的到来。

石原率部队追到扁担沟，见一溜脚印朝沟里而去，朝沟两边望望，不禁犯起了嘀咕：抗联会不会有埋伏呢？

蛤蟆眼看出了石原的疑虑，用那只右眼朝沟坡望望，转转那个眼珠儿，说："太君，抗联埋伏的不怕，我们炮轰的干活！"

石原明白了蛤蟆眼的意思——是要用炮火探探路。于是，他点点头说："炮兵的准备。"

4门小炮支好了，对准了沟坡。

石原抽出战刀朝沟坡一指,叫道:"开炮轰击!"

"嗵嗵嗵嗵!"

四炮齐轰,一颗颗炮弹小黑老鸹似的飞向沟坡,"轰轰轰轰!"炮弹爆炸了,把洁白的雪地炸出黑黑的泥土来,就像掏了一个个黑窟窿。

"这是鬼子的火力侦察,谁也不许动!"杨靖宇冲身边的老奎低声说,"快往下传。"

老奎就照着杨靖宇的话往下传,战士们于是一声不吭地猫在雪窝子里,任凭鬼子瞎轰。

石原见炮火没轰出什么来,看看骑兵,便琢磨着骑兵速度快,很快就会冲过沟底,就冲骑兵一招手,说:"你们统统的冲锋!我们后面的跟上! 冲!"

鬼子骑兵见少佐下了命令,就怪叫着策马向冰板冲过去。他们哪里会想得到,战马借着惯性冲上冰板,有的马刚冲进去没几步就扑通扑通滑倒了,有的冲进去十米二十米也扑通扑通滑倒了。

哈哈! 鬼子的骑兵变成了"骑冰"。

"哈哈!小鬼子,开玩儿吧!"杨靖宇举枪扣了两响,发出射击命令。

霎时,沟坡上的机枪一齐欢叫起来,密集的子弹射向冰板上的骑兵。

盖着雪的冰板很滑，鬼子骑兵的战马倒下了就难以再站起来，人也是一站一呲溜，一时间马嘶人叫乱作一团，任凭子弹扫射。转眼间有二三十匹马躺在冰板上成了死马，挣扎着跑出冰板的战马嘶叫着在山坡上狂奔乱跑。

"啊——呀呀！"石原见上了当，气得怪叫着战刀往沟坡一挥，"射击！统统射击！"

刹那间，趴在沟口的鬼子步枪、机枪喷吐着火舌，子弹如雨点一般泼向山坡。然而，由于距离太远，鬼子只能胡射瞎打。

参谋长见鬼子从沟两侧迂回着摸过来，就对杨靖宇说："是时候了，我们撤吧！"

杨靖宇把枪冲战士们一挥，命令道："撤！"

由于抗联的战士们披着白被单，在雪地上猫着腰跑起来不容易被敌人发现，便很快退出了扁担沟，朝大山深处撤去。

石原一查点，一百匹战马死二十三匹、十四个骑兵死在冰板上。出师不利，激起了他的火气，他便命令骑兵、步兵沿着沟边快速追击。

抗联出了扁担沟就朝山里快速地走着，雪地上清清楚楚地留下一溜脚印。

追出一段路程，石原仿佛看出了抗联的用意，用望远镜望望抗联没有埋伏，便命令骑兵先出击。他希望骑兵追上抗联后死死缠住，等后面的步兵赶到，一举把抗联消灭。

抗联刚走出五里路左右，老奎一回头尖叫起来："鬼子的骑兵！"

参谋长一瞅，鬼子的骑兵已经离他们不远了。慌忙中他朝战士们一招手，命令道："卧倒！打鬼子骑兵！"

杨靖宇急忙纠正说："不，不要这样！"

"你说怎么样？"

"战士们立即撤进白桦林，往林子密的地方钻！"

参谋长这才反应过来，喊道："钻林子！"

抗联钻进了密密匝匝的白桦林子，鬼子的骑兵追到跟前马走不了了，只好下马往林子里头钻。

"嘿嘿！傻小子你上当啦！"老奎把手榴弹攥在手里，冷笑着冲身后的战士说："炸他！"

战士们便把手榴弹投向鬼子的战马群。

"轰轰轰！"

鬼子的战马被炸得东倒西歪，四处乱窜，满山乱跑。

钻进林子的鬼子骑兵发现战马被炸，转过头来救战马，可迎接他们的是机枪的扫射，于是就和他们的战马一样，被打得死的死、伤的伤。

"撤！"参谋长见已经把鬼子骑兵打得人仰马翻，便下令撤退。

石原赶到白桦林子，看着雪地上横七竖八的战马和士兵的尸体，一股怒火不禁涌上心头，牙齿咬得咯吱咯吱响："追击！追击！我的，一定消灭抗联，统统消灭！"

抗联撇开平坦开阔的雪地，钻进了密密的原始森林。

……

一天过去了，石原没有追上抗联。

两天过去了，鬼子连抗联的影儿都看不见了，只是顺着脚印追击。

三天过去了，鬼子追进了原始森林……

这时，气温已经下降到零下四十多度。

一连三天野营，住在冰天雪地里的鬼子被冻得没人样儿了。有的鬼子耳朵被冻得透明，用手一揉，齐刷刷地掉下来，变成了秃耳朵；有的鬼子脚与鞋冻在一块儿，就用火烤，一烤把脚趾头给烤掉了，变成了瘸子；有的鬼子手指头冻得回不过弯来了，也用火去烤，结果一烤烤没了知觉，第二天一瞅，发白了，一弯，折了，断下半截来，变成了秃爪子……

到第四天头上，石原再也没有发现抗联的脚印，鬼子"麻达山"（迷路）了，在林海雪原里转来转去，怎么也找不到抗联的影子，想出山可怎么也转不出去了……

第二十一章
咬　牙

杨靖宇他们与敌人周旋，可始终无法摆脱敌人。在部队累得再也走不动的当口，恰巧这时天下起雪来，雪花盖住了他们的脚印，使敌人失去了追踪的目标，他们才得以在山沟里休息一会儿。

几天来的紧张行军和寒冷的天气，指战员们都出了很多汗，转眼间冷风一吹就变成了"冰棉袄"。残酷的自然环境折磨着大家，也考验着大家。

杨靖宇患上了重感冒，浑身无力，躺在地上想起来可没有一点力气。他刚刚在战士们给他铺成的"树枝床"上躺下，山冈上又出现了敌人。杨靖宇猛地从"床"上翻身而起，催促同志们道："快！进树林子！"他自己则边撤退边挥动双枪向敌人射击。

同志们往树林里奔跑着……在敌人的弹雨下一个个倒下了。

渐渐地,在杨靖宇身边就只剩下包括他自己在内的七个人了。

"不能让敌人抓住。"杨靖宇对另外六个同志说:"我们七个人如果活下来,就是七根火柴,是抗日的火种。走!"

杨靖宇的话激励着大家,同志们跟着他奋力摆脱了敌人,转移到一个山洞里。大家都已经好几天没有吃什么东西了,饿得两腿发软,又冷又累又饿。

杨靖宇让大家燃起篝火,暖和暖和,解解乏。

大家拾来柴火,点燃篝火。

警卫员小黄拿出身上仅有的一小块苞米饼子,递给杨靖宇,说:"司令,你吃吧!"

杨靖宇推开小黄的手,说:"就这一块大饼子了,搞碎了,煮点儿汤,大家喝吧!"

同志们听了,泪水含在眼睛里……

小黄只好按杨靖宇的吩咐,把那块饼子弄碎,放进瓷缸里加上雪,放在火上化雪煮汤。汤煮好了,一把小铜勺在大家的手里传来传去,谁也不肯多喝一口。

同志们恳求杨靖宇说:"司令,你就多喝几口吧,我们年轻人挺得住!"

杨靖宇感动地说:"我也不老啊,来,大家一块儿喝!"他喝了两口又把勺子给了身边的同志:"你们喝,这是任务!不吃饭怎么打仗?"

大家没办法,只好把大饼子汤含泪喝下。

望着熊熊燃烧的篝火,杨靖宇对同志们说:"不管现在敌人有多么强大,可他们是反动派,是侵略者,是非正义的,是打不败我们的,就是我们这几个人死了,还会有人继承我们的事业,革命总是要成功的。"

在这濒临绝境的时候,同志们听着杨靖宇慷慨激昂的话语,望着自己的首长坚毅的神态,都坚定地点了点头。在这生死攸关的时刻,同志们丝毫没有动摇,低声唱起了《红旗歌》……

风雪交加,森林里一片漆黑。杨靖宇他们趁黑夜出了山洞,想翻过山,甩开敌人,但周围都是敌人的岗哨,不管怎样他们也无法翻山突围。

没办法,杨靖宇和六个战友只好在天亮前钻进了一处茂密的森林里隐蔽起来。

"咚!咚!咚!"

从森林里传来伐木声。

杨靖宇他们顺着伐木声寻声望去,见是一个日本株式会社的森林伐木队在这里伐木,伐木工都是中国老百姓。

杨靖宇叫警卫员小黄去向伐木工人讨点儿吃的。小黄跑去了,把情况跟伐木工人一说,伐木工人见是抗日联军的人,你一点我一点地凑了十多斤干粮。

杨靖宇看了小黄拿回的干粮,听了汇报,抑制不住兴奋的心情说:"大家看,有了人民的支持,我们就能坚持下去! 咬紧牙关就能坚持下去。"

杨靖宇他们靠着这些伐木工人给的粮食，在密林深处又隐蔽了两天。第三天,粮食又断顿了。

敌人一直没有找到杨靖宇他们的人影儿,就采取拉网战术,从四面八方向原始森林围拢过来,一棵树一棵树地往前搜索。

杨靖宇他们的活动范围越来越小了。

天渐渐地黑了,敌人不敢向前进,只能就地停下来,紧紧围住杨靖宇他们。

杨靖宇见七个人在一起突围很难了，便把大家叫过来说:"形势更加严峻,情况更加紧急,我们大家一起突围是不可能的,分开走吧!"

同志们你一言我一语地说:"我们不能分开!""生,生在一起;死,死也要死在一起!"

杨靖宇说服大家:"我们多活一个人,就多一份革命的力量。分开走,是革命的需要! 也是我的命令!"

于是,杨靖宇命令四个受伤的同志往回走,这样可以找到敌人队伍之间的空隙钻过去。他自己带着两个同志往前走,吸引敌人的注意力。

临分手时,杨靖宇一再嘱咐大家说:"同志们,为了革命,我们要坚持到底!就是牺牲,也不能泄露党的机密,不能向敌人屈服!"

"司令,你就放心吧!"四个同志说着,与杨靖宇分手告别。

　　杨靖宇他们三个人继续往前走去……用雪解渴，用树皮、草根和青苔充饥，一直坚持了很多天。突然枪声响了，身边的两个同志倒下了，只剩下了杨靖宇一个人……

第二十二章
英雄不死

"杨靖宇的印章!"一个敌人从一位牺牲的抗联战士身上搜到了一枚印章,兴奋地叫了起来。

知道了正在围追的是共产党抗日联军的重要领导人杨靖宇,敌人就像疯狗一样穷追不舍,得手后好去邀功领赏。

2月22日,长白山的严冬风雪漫天,气温降到零下四十度。杨靖宇穿着单薄的衣裳,已几天没进粮食了,又冷又饿不说,患病的身体还非常虚弱。他一个人与敌人又周旋了一天后,来到濛江县城西南保安村前约五里地的三道崴子山坡上过夜。

在寒夜中,杨靖宇冻得浑身发抖,鼻子和脸都冻烂了。天刚蒙蒙亮,他刚又要动身,就发现一个鬼鬼祟祟的人躲在树后朝他张望。

　　杨靖宇警觉起来,等那人一走,立刻向山下跑出有一里地后停下来,把身上所有的文件都烧掉了,做好了最坏的准备。

　　原来那人是个汉奸密探,发现了杨靖宇后,他迅速地跑到保安村向那里的特务报告了这一情况,特务又报告了濛江县的伪警务科。

　　东边道讨伐大队长唐振东不等岸谷隆一郎发令,就急不可待地指挥一个以姓孙的中队长为首的七十多人的队伍,开着卡车向三道崴子火速奔来,向守在这里的日寇西谷警佐靠拢,把杨靖宇死死地包围。

　　杨靖宇发现被敌人包围后,便挥动双枪向敌人射击。他边打边退,一直退到一棵大树下,倚在树后向敌人猛烈地射击。

　　唐振东见只有杨靖宇一个人,便叫喊着:"投降吧,杨靖宇!投降的话我可以把东边道司令让给你!"

　　杨靖宇回答唐振东的是子弹。

　　"杨靖宇,投降吧,投降可以当大官!"唐振东带兵边喊着边向杨靖宇靠近。

　　杨靖宇用大树做掩护,回答敌人的又是一串仇恨的子弹。

　　"杨靖宇,投降吧,你已经被包围了!跑不了啦!"

　　杨靖宇高声地向敌人喊道:"共产党员宁死不投降,为革命牺牲没有什么可惜!"他边喊边猛烈地向敌人射击,又有五个讨伐队员倒下了。

杨靖宇一个人与几百个敌人打了二十多分钟。他如同一个钢铁铸成的人,屹立在大树旁,大义凛然,威武不屈。敌人胆战了,用机枪向杨靖宇射击。

杨靖宇身中数弹,缓缓倒下了……年仅35岁的他鲜血染红了洁白的雪。

杨靖宇牺牲后,日军指挥官将他的遗体送到县医院解剖。

当肠胃被切开后,看到的只是树皮、草根和棉絮,一粒粮食也没有。在场的中国护士禁不住流下热泪。

日军根据追踪抗联日期估算,杨靖宇缺粮已有半个月,无粮也至少在五天以上,能够在零下30~40摄氏度且没有房屋的山林中坚持下来简直不可思议。

负责围剿杨靖宇的司令官、日本关东军少将野副昌德狠狠地说:"算他是一条好汉!"日本关东军为庆祝所谓"胜利",将杨靖宇的头颅切下,送到伪满洲国的"新京"(长春)保存,同时又在烈士殉难处破例举行了一个祭奠仪式和葬礼,以杨靖宇的顽强为例训诫部属。

为了恐吓中国民众,鬼子把杨将军的遗体在通化"示众"三天,并埋在荒野里。后来人们传说,杨靖宇将军殉难后出现了一件怪事,那个日军少将夜里总是做噩梦,醒来后头疼难忍,如同要开裂一样。他梦见没有头颅的杨司令直挺挺地站在他眼前,张着两只手来冲他要头。

　　杨靖宇牺牲后，日军在报纸上用大号铅字印着非常醒目的标题——《杨靖宇部已被肃清，抗日力量从此可以绝灭》。但是，敌人高兴得太早了，就在杨靖宇牺牲后还不到三天的时候，抗日联军又出现了。抗联一路军的同志们没有被吓倒，他们踏着烈士的足迹，继承烈士的遗志，又奔向了新的游击地区。

　　东北大地至今流传着赞扬杨靖宇将军的颂歌："十冬腊月天，松柏枝叶鲜；英雄杨靖宇，长活在人间。"为了纪念中华民族的英雄杨靖宇，杨靖宇将军殉国的吉林省蒙江县改名为靖宇县。